Jonathan Byron's

DIE WELT IN 60 MINUTEN

CHRISTINE PAXMANN

WELTWUNDER

in 60 Minuten

THIELE VERLAG

Inhalt

Intro

Das ist ja ein Weltwunder!« oder »Das ist ja das achte Weltwunder« – wie oft hat man selbst diese Sätze gebraucht oder sie gehört? Weltwunder ist ein Gütesiegel, und tatsächlich können sich heute nur sieben sehr besondere Bauwerke dieser Auszeichnung rühmen:

Die Pyramiden von Gizeh
Die Hängenden Gärten der Semiramis
Die Zeus-Statue von Olympia
Der Tempel der Artemis in Ephesos
Das Mausoleum von Halikarnassos
Der Koloß von Rhodos
Der Leuchtturm von Alexandria

Das war nicht immer so, der Markenschutz »Weltwunder« wurde erst in der Renaissance gefestigt und schließlich durch grafische Darstellungen besiegelt.

Doch davon später, denn wo liegt eigentlich der Ursprung dieser Hitliste der Klassik? Wer hatte die Chuzpe, unter den sagenhaften Bauwerken des Altertums wie etwa der Akropolis, dem Turm zu Babel und anderen architektonischen Meisterleistungen auszuwählen und eine Rangliste zu erstellen?

Die erste verläßliche Quelle scheint eine Schriftensammlung aus dem dritten Jahrhundert v. Chr. zu sein, die neben den Listen berühmter Baumeister, Maler, Bronzegießer und Architekten, Seen, Flüsse und Inseln auch eine Zusammenstellung der »Sieben Schaustücke« enthält. Das als *Laterculi Alexandrini* bezeichnete Pergament ist nur fragmentarisch erhalten, belegt aber bereits wichtige Kriterien, die ein Weltwunder erfüllen sollte: die Verbindung zwischen Architektur, Kunst und Technik und *last but not least* das Ausmaß, die schiere Größe.

Da zur Zeit der Entstehung dieser allerersten Wundersammlung der Leuchtturm, der Pharos von Alexandria, noch gar nicht erbaut war, findet er zunächst keine Erwähnung, wird aber heute zu den Sieben Weltwundern gezählt.

Als wenig später im zweiten Jahrhundert v. Chr. die erste bis heute vollständig erhaltene Liste der *Top Seven* veröffentlicht wird, trägt sie zwar nicht den spektakulären Titel »Die Sieben Weltwunder«, sondern ist *nur* Teil einer Anthologie, erwähnt aber bereits alle obengenannten sieben Bauten – allesamt touristische Sehenswürdigkeiten der antiken Welt, des griechischsprachigen Ostens im Mittelmeerraum. Ein gewisser Antipatros von Sidon soll der Verfasser gewesen sein.

Da es bereits vor Alexander dem Großen und seiner Hellenisierung Vorderasiens und Ägyptens in der hellenischen Welt als schick galt, zu reisen, scheint es nicht unwahrscheinlich, daß sich so mancher betuchte Technikfreak auf die Spuren der »Weltwunder« machte, um sie oder deren Reste zu besichtigen. Denn bereits wenige Jahrzehnte nach der Veröffentlichung der ersten Listen waren einige Bauwerke nicht mehr unversehrt erhalten.

In der hellenistischen Blütezeit ist der Begriff »Sieben Weltwunder« tatsächlich noch kein offizieller Kanon. Erst der römische Gelehrte Marcus Terentius Varro (116–27 v. Chr.) wird den Bauwerken die Bezeichnung *septem opera in orbe terrae miranda* geben und gilt damit als Urheber des Begriffs.

Weltwunder im Wettlauf mit der Geschichte

Bis zur Renaissance beginnt nun unter den Literaten und Gelehrten der verschiedenen Epochen ein Wettstreit, was zu den Sieben Weltwundern zu zählen ist und was nicht. Einig waren sich die alten Gelehrten nur über die heilige Zahl Sieben. So wie Antipatros, der als einer der Urheber der Weltwunderlisten die Bauten des hellenischen Reichs anführte, fanden zum Beispiel die römischen Gelehrten das Kolosseum, das Kapitol oder gleich ganz Rom erwähnenswert. Manch ein Monument kam im Lauf der Jahrhunderte zeitweise in den Genuß, ein Weltwunder zu sein, andere flogen regelmäßig aus den Hitlisten, um später wiederzukehren.

Unbestritten ist der Rang der Pyramiden von Ägypten, später präzisiert als die Pyramiden von Gizeh – sie sind nicht nur das älteste, sondern auch das einzig bis heute erhaltene Weltwunder.

Die Hängenden Gärten der Semiramis wurden oft ersetzt durch den Turm zu Babel oder den Palast des Perserkönigs Kyros II. in Pergamon. Der elfenbeinerne Hörneraltar aus Delos, die Athene-Statue von Athen tauchten immer wieder auf, mußten aber letztendlich den Olymp der Sieben Weltwunder wieder verlassen.

Mit dem Einsetzen der Christianisierung wurden die Weltwunder ideologisiert. Alles Heidnische – und dazu gehörten nach Auffassung des Christentums die bisherigen Weltwunder – wurde umgedeutet; ihm wurden biblische Ursprünge zugeordnet oder zumindest alttestamentarische Bezüge. Aus den Pyramiden wurden so die Scheunen Josefs, worin er das Getreide der sieben fetten Jahre für die sieben mageren gesammelt hatte.

Über die christliche Auslegung hinaus erlaubten sich findige Kirchengelehrte und Philosophen die Erweiterung der Weltwunderliste um biblische Monumente. Allen voran Bischof Gregor von Tours, der im sechsten Jahrhundert n.

Chr. die Arche Noah, den Tempel Salomons, das kunstvoll ornamentierte Grab eines Perserkönigs, das aus einem Amethyststein gefertigt war, und das Theater von Herakleia, ebenfalls aus einem einzigen Fels gehauen, erwähnte. Endgültig inflationär wurde schließlich im Mittelalter mit dem Begriff Weltwunder verfahren: Neben dem kretischen Labyrinth, den Asklepios-Statuen und verschiedenen Zeus-Tempeln wurden in einem Codex des dreizehnten Jahrhunderts nicht weniger als dreißig Weltwunder gerühmt.

Ein früher Baedeker

Von dem antiken *Reiseführer zu den Sieben Weltwundern* eines gewissen Philon von Byzanz, worin bereits sehr exakt die heutigen sieben Weltwunder mit Ausnahme des Pharos' von Alexandria beschrieben sind, ist also zu Beginn der Renaissance nicht mehr viel übriggeblieben. Was ein Weltwunder sein durfte und was nicht, änderte sich mit jedem Autor, ganz wie es ins politische Weltbild paßte.

Doch gerade der *Reiseführer zu den Sieben*

Weltwundern sollte mit der Weltwunderlotterie aufräumen. Die philonischen Aufzeichnungen werden einem spätantiken Redner zugeschrieben, der sich als Pseudonym den Namen des griechischen Ingenieurs aus dem zweiten Jahrhundert v. Chr. geborgt hatte und die sehr technischen Angaben in einen launigen Reiseführer ummünzte. »Reisen im Kopf« ist Philons Motto, da doch die »echten Reisen« zu den berühmten Zielen beschwerlich seien und oft nicht so einprägsam wie das in Büchern Gelehrte. Philons Liste geht also auf einen antiken Urtext zurück und weist damit erheblich mehr Authentizität auf als spätere Listen. Und diese Urtexte wurden durch den unermüdlichen Einsatz der Humanisten der Renaissance wieder so richtig populär.

Die Rückbesinnung auf griechische und späthellenistische Quellen in der Renaissance besiegelt den heutigen Stand der *Top Seven*. Die Antrittsrede des italienischen Humanisten Angelo Ambrogini an der Universität Florenz im Jahre 1482 beschreibt exakt die heutigen Sieben Weltwunder und setzt der wuchernden Weltwunderflora des Mittelalters ein Ende. Von da an sind die Sieben Weltwunder Salonthema, wurden sie unter Studenten und Dozenten diskutiert und genauer Prüfung unterzogen. Ende des fünfzehnten Jahrhunderts finden sich die *Best of* im Bild wieder. Der Zyklus des niederländischen Kupferstechers Philip Galle (1537–1612) stellte nach Vorlagen des Malers Maarten van Heemskerck (1489–1574) bereits die heutige Rangfolge der Weltwunder fest. Diese in großen Auflagen kursierenden publizierten Meisterstiche fachten die Diskussionen weiter an.

Als der österreichische Baumeister Fischer von Erlach (1556–1623) nach diesen Vorbildern sieben fein ziselierte Architektur-Bilder der Weltwunder anfertigte, die bis heute in der Bibliothek des British Museum zu bewundern sind, ist die Liste der Weltwunder besiegelt. Die Werke der antiken Reiseschriftsteller hatten gesiegt. Und die magische Zahl Sieben auch.

Die Zahl Sieben

Die Zahl Sieben hat seit den frühen Mythen große Bedeutung. Vier mal sieben ist der Lauf des Mondes durch alle Phasen, ein Rhythmus, der die Fruchtbarkeit der Frauen beeinflußt und in frühen Kulturen zur Verehrung der »Großen Mutter« geführt hat. Um 4000 v. Ch. sahen Babylonier und Ägypter die Zahl Sieben als Lebenszahl, als Summe aus der Dreieinigkeit Vater/Mutter/Kind und den vier Himmelsrichtungen, aus denen Fruchtbarkeit spendende Winde und die Sonne kommen.

Weniger geheimnisvoll faßte der Mathematiker Pythagoras im sechsten Jahrhundert v. Chr. das Phänomen der Sieben auf. Für ihn war zwar die Sieben nicht nur die Summe aus vier und drei, sondern auch die Summe aus Dreieck und Viereck, jenen beiden vollkommenen Formen der Antike, die auch Grundlage des Goldenen Schnitts sind.

Darüber hinaus gilt die Zahl Sieben als jungfräulich, ist sie doch die einzige Primzahl, die innerhalb der Zehnerreihe keine weitere Zahl zeugt, so wie auch die Göttin Pallas Athene ewig jungfräulich und unberührbar bleibt und so als Patronin der Zahl Sieben fungiert.

Die heilige Schrift der Juden weist in schöner Regelmäßigkeit auf die Sonderstellung der Sieben hin. Sieben fette und sieben magere Jahre, die sieben Plagen, sechs Tage, an denen die Welt erschaffen wurde, und der siebte Tag, an dem Gott ruhte. Die Christen übernahmen später aus der hebräischen Bibel die bedeutungsschwangere Sieben und fügten sie in ihren Wertekanon ein: die sieben Todsünden (Stolz, Geiz, Unkeuschheit, Neid, Unmäßigkeit, Zorn, Trägheit) und die sieben Sakramente (Taufe, Firmung, Eucharistie, Buße, Krankensalbung, Priesterweihe, Ehe) sind Grundfesten des Katholizismus bis heute.

Metereologisch praktisch hält es der Volksmund mit der besonderen Sieben. An Siebenschläfer wurde zwar ursprünglich der sieben Märtyrer gedacht, die 251 n. Chr. wegen ihres Glaubens eingemauert wurden, tatsächlich soll es sieben Wochen Regen geben, wenn an Siebenschläfer schlechtes Wetter ist. Mit Siebenmeilenstiefeln geht einer, der es eilig hat, und wer dann noch seine sieben Sachen gepackt hat, hat nichts zu fürchten, vor allem, wenn er sich bei seiner Wanderung an den Plejaden, dem Siebengestirn, orientiert.

Daß Jerusalem und Rom, jene für die religiöse Welt der Juden und Christen so wichtigen Stätten, auf sieben Hügeln erbaut wurden, mag eine geologische Besonderheit sein, ist aber in dieser Doppelung zumindest erwähnenswert.

Angesichts dieser Fülle an metaphysischen und physikalischen, geografischen wie mathematischen, mythischen wie theologischen Charaktereigenschaften der Zahl Sieben gilt diese Ziffer als Schwergewicht der Numerologie, jener Wissenschaft, die nicht nur bereits in der Früh- und Spätantike Ansehen genoß, sondern auch in der jüdischen Geheimlehre der Kabbala sowie später in der mittelalterlichen Forschung größtes Interesse auf sich zog und zu allerlei Beweisführung herangezogen wurde.

Grundlagen

Kein Wunder also, wenn die Zahl Sieben auch für die Begrenzung der Weltwunderliste herhalten musste. Ein Glück für uns heute, denn durch die ausgiebige Diskussion, die sämtliche kursierenden Weltwunder auslösten, und die Rückbesinnung auf wenige sieben sind Grundlagen für die Archäologie, Architektur und Geschichtsschreibung geschaffen worden. Wären die bruchstückhaften Aufzeichnungen eines Antipatros, eines Philon nicht so sorgfältig in den Bibliotheken ägyptischer Gelehrter gehütet worden, wären die Schätze nicht von späthellenischen Philosophen gehoben und neu diskutiert worden – und wir würden heute weit weniger von den Herrlichkeiten einer vorchristlichen Epoche wissen, die zu Recht als Wiege des Abendlandes gilt.

Die Pyramiden von Gizeh

Die Pyramiden, ein Werk mächtig zur Höhe gestreckt

ANTIPATROS VON SIDON (2. JAHRHUNDERT V. CHR.)

Die Sonne erwärmt die Luft über der sandigen Ebene. Flimmernd verschieben sich die Bilder in den wirbelnden Luftschichten. Drei unwirklich anmutende Bauten tauchen fragil in weiter Ferne auf. Ihre weiße Außenhülle spiegelt die Sonnenstrahlen tausendfach wider, und jeder Betrachter muß die Augen geblendet abwenden.

Nur ein Gott kann solcher Pracht würdig sein. Nur ein Sonnengott kann diese Helligkeit ertragen. Ihm und seinen irdischen Vertretern, den Pharaonen, sind sie geweiht. Solche Gedanken könnte man antiken Betrachtern des ersten Weltwunders unterstellen.

Göttlicher Auftrag

Als König Cheops (ca. 2551–2528 v. Chr.) den Auftrag zum Bau seiner eigenen Grabstätte gab, war Ägypten ein reiches, kulturell hochstehendes Land. Vorangegangene Dynastien hatten das religiöse Grundverständnis bereits so gefestigt, daß Heiligkeit und Staatsführung in einer Hand lagen und in der Bezeichnung »Pharao« zusammengeführt wurden. König war gleich Pharao. Cheops' Vorfahren hatten bereits den Totenkult so weit kultiviert, daß erste Stufenpyramiden und Steintempel errichtet wurden, um der Seele im Jenseits ein würdiges Umfeld zu geben. Erfahrene Bauleiter und Ingenieure kannten einheitliche Maßeinheiten, die Erfindung einer Bildsprache, der Hieroglyphen, ließ schriftliche Kommunikation und Aufzeichnungen zu – und das nicht nur auf Steinen, sondern auch auf dem leicht zu handhabenden Papyrus.

Ein hochentwickelter Standard an astrophysischem Wissen gab den damaligen Baumeistern genügend Möglichkeiten, komplizierte Berechnungen anzustellen. Heerscharen von Schreibern standen beim König in Lohn und Brot und genossen Vertrauensstellungen. Medizinisch gebildete Weise waren Experten in der Kunst des Balsamierens, aber auch in Heilkunde und Geburtshilfe. Priester bestimmten das ritualisierte religiöse Leben.

Fruchtbar und reich

Nicht zuletzt war dies alles möglich, weil Ägypten im dritten Jahrtausend v. Chr. ein gesegnetes Land war. Reich an fruchtbarer Schwemmerde, mit welcher der Nil alljährlich zwischen Juni und November das Land bedeckte, waren bis zu drei Ernten möglich. Der trokkene Wüstensand verwandelte sich alljährlich in spendablen Ackerboden – so sicher wiederkehrend wie der Lauf der Sonne, konnten Getreide, Gemüse und Obst dreimal im Jahr geerntet werden. Politisch war Ägypten so weit gefestigt, daß Ober- und Unterägypten friedlich vereint waren – mit Memphis als Hauptstadt zum Zeichen dieser Verbindung. Die hauptsächlich bäuerliche Bevölkerung akzeptierte die Regierung der Herrscherklasse, das hierarchische System, mit dem Land und Länder geordnet waren, und sah im König den irdischen Repräsentanten des Göttlichen. Die darstellende Kunst brachte immer neue Skulpturen hervor, die Schönheit und Göttlichkeit der Könige widerspiegelten. Niemand hinterfragte das System arbeitender und herrschender Bevölkerung. Niemand mußte hungern, und für das seelische Wohl war in prachtvollen Zeremonien, nicht zuletzt den Beisetzungsfeierlichkeiten, gesorgt. Wir sprechen von einer Zeit, die man als Jungsteinzeit bezeichnet, eine Zeit, in der man im heutigen Europa zu ersten festen Siedlungen überging und der Anbau von Kulturpflanzen noch in den Anfängen steckte.

Den Göttern entgegen

Da bereits seine Vorfahren Grabdenkmäler in pyramidenartiger Form erbaut hatten, wollte der energische Herrscher Cheops mehr: Schöner, größer, höher sollte seine Pyramide werden. Seine Baumeister hatten nun eine Aufgabe vor sich, für die es kein Vorbild gab und bis heute nicht gibt. Die Cheops-Pyramide ist neben der Chinesischen Mauer das größte von Menschenhand gefertigte Bauwerk der Welt. Auf ihrer Grundfläche von zweihundertdreißig mal zweihundertdreißig Meter haben der Petersdom in Rom, die Paulskirche, die Westminsterabtei in London und die Dome von Florenz und Mailand Platz. Und aus der Gesteinsmenge könnte man alle Kirchen, die zwischen dem ersten und zweiten Jahrtausend in Deutschland gebaut wurden, errichten.

Cheops' Baumeister mußten für das gigantische Werk einen ordentlichen Vorlauf einplanen. Ein geeigneter Bauplatz war die Voraussetzung für das letztlich sechs Millionen und vierhunderttausend Tonnen schwere Vorhaben; es wurde auf dem sieben Kilometer westlich von Gizeh gelegenen Muschelkalkplateau gefunden, zwischen Memphis und der heutigen Hauptstadt Kairo. Sorgfältig ließ man den Bauplatz mit einem komplizierten Fundament versehen. Ein wasserfestes Kanalsystem wurde schachbrettartig angelegt und mit Wasser geflutet, die Wasserlinie markiert und das Wasser wieder abgelassen. Alles über der Linie wurde abgetragen; ähnlich dem Prinzip einer Wasserwaage konnte so ein absolut ebenes Niveau geschaffen werden. Nach dem Zumauern der Kanäle war das Fundament fertig. Allein diese Baumaßnahme dauerte zehn Jahre. Zehn Jahre, in denen gleichzeitig die Straße zu den östlich des Nils gelegenen Steinbrüchen gebaut und bereits Gesteinsquader gebrochen und zugeschliffen wurden. Wenn man den überlieferten Aufzeichnungen glauben darf, waren nicht weniger als viertausend Künstler, Architekten, Steinmetze und andere Handwerker an den ersten Vorbereitungen beteiligt.

Der eigentliche Bau war ein Massenarbeitsplatz für die gesamte bäuerliche Bevölkerung Ägyptens. Eine riesige Arbeitsbeschaffungsmaßnahme für die Zeit des Jahres, in welcher der Nil über die Ufer trat, also zwischen Juni und November, und so keine Feldarbeit möglich war. Über die Freude der Bevölkerung ob dieser Zusatzarbeit gehen die Einschätzungen der Chronisten auseinander. Herodot (fünftes Jahrhundert v. Chr.), der gelehrte griechische Urvater der Geschichtsschreibung, gibt nach einer selbst durchgeführten Ägyptenreise und unter Berufung auf kompetente Quellen folgendes an: »Einst hatte man, wie sie sagen, in Ägypten eine durchweg gute Gesetzgebung, und Ägypten sei es gut gegangen. Dann aber sei Cheops ihr König geworden und habe zu viel Schlimmem geführt; er habe nämlich sogleich alle Tempel geschlossen und die Leute am Opfern gehindert, dann aber befohlen, daß alle Ägypter für ihn arbeiten, den einen sei auferlegt worden, aus den Steinbrüchen im Arabischen Gebirge Steine zu holen und von dort bis zum Nil zu schleppen, die mit Kähnen über den Fluß gebrachten Steine auszuladen und sie dann zum Lybischen Gebirge hin weiter zu ziehen, legte er anderen auf. So waren immer an die hunderttausend Menschen bei der Arbeit, und zwar jeweils die drei Monate lang.«

Sicher war Cheops ein energischer Herrscher, der mit Strenge, Energie und Ausdauer seine Ziele verfolgt hat. Andere Quellen berichten aber auch, daß die Bevölkerung das Zusatzeinkommen in den Monaten der Überschwemmung sehr begrüßte und sich jedes Jahr aufs neue freiwillig zur Arbeit am Pyramidenbau meldete. Kost, Kleidung und Logis waren frei, und einer Inschrift zufolge wurde allein für die Versorgung mit Rettich, Zwiebeln und Knoblauch umgerechnet eine Summe von fast zehn Millionen Euro ausgegeben.

Neben den rein praktischen und existentiellen Gründen, sich am Bau der größten Bauwerks der Welt zu beteiligen, war wohl das religiöse Grundverständnis ausschlaggebend: Zum einen war es eine selbstverständliche Bürgerpflicht, am Grabmal des Pharao mitzuarbeiten, zum anderen glaubte jeder mit seinem Einsatz ein wenig an der Unsterblichkeit des Herrschers teilzuhaben.

Unvorstellbar hart

Trotz aller religiösen und existentiellen Motivation muß der Pyramidenbau ein übermenschlicher Kraftakt gewesen sein. Um so mehr, als man bis heute nicht weiß, wie es die Menschen, die weder Flaschenzug noch Rad kannten –

Errungenschaften, die erst um 2000 v. Chr. aus Mesopotamien nach Ägypten eingeführt wurden –, geschafft haben, die mehr als zwei Millionen Quader, deren Einzelgewicht bis zu siebeneinhalb Tonnen beträgt, so zu bewegen und aufzuschichten, daß ein Gigant entsteht, der mit einhundertsechsundvierzig Meter Höhe stolze vier Meter höher ist als das Straßburger Münster. Man nimmt heute an, daß die Blöcke, die mit Barken über den Nil transportiert und dann mittels Bohlen auf einer Straße zum Bauplatz gerollt wurden, via Rampensystem in die Höhe gewuchtet wurden. Ein Kern aus roh gehauenen Blöcken wurde mit Schichten aus exakt passenden Quadern ummantelt – der präzise bearbeitete Turakalkstein ließ solch fugenfeine Anschlüsse zu.

Parallel zu den emporwachsenden Stufen führte eine aus Lehmziegeln erbaute Rampe, auf der die Steinbrocken mit Menschenkraft gezogen wurden. Mit Balken wurden die Brocken an ihren exakt berechneten Bestimmungsort gehebelt. Stück für Stück, Stufe für Stufe, je höher es ging, desto schmaler wurde die Arbeitsplattform und desto steiler die Rampe. Ein Kamikaze-Unternehmen, bei dem viele Arbeiter starben – erschlagen von abrutschenden Bauteilen, abgestürzt von der Rampe in hundertvierzig Meter Tiefe, zerquetscht zwischen sich verschiebenden Bohlen. Erschöpft von Hitze und Staub, ausgezehrt von den rigiden Zeitvorgaben der Aufseher, die mit Peitschen das Arbeitstempo bestimmten. Selbst bei den Jahrzehnte dauernden Bauvorhaben gab es exakte Leistungseinheiten pro Tag und Schicht.

Als nach zwanzig Jahren der Pyramidenkern, bestehend aus hundertachtundzwanzig Schichten, errichtet war, kam der gefährlichste Teil der Arbeit – das Aufsetzen der Spitze, des Pyramidons, eines neun Meter hohen Gipfelblocks, der heute bei der Cheops-Pyramide fehlt. Das ist der Rohzustand der Pyramiden, wie wir ihn heute auch kennen. Denn im letzten Schritt wurden die vier gleichseitigen Dreiecke, welche die Außenseiten des Bauwerks bilden, mit strahlend weiß poliertem Kalkstein verblendet. Die Stufen hatte man zuvor mit Mörtel aufgefüllt. Geheimnisvoll müssen die fugenlos aneinandergesetzten Platten geglänzt haben, wenn die gleißende Sonne oder das Mondlicht sie beschienen haben. Nach dem großen Brand von Kairo im zwölften Jahrhundert n. Chr. dienten die polierten Platten dem Wiederaufbau der Stadt; sie sind heute noch in Moscheen und Palästen zu finden.

Welch ein Anblick muß die strahlend weiße Pyramide gewesen sein!

Lohn für die abertausend Arbeiter, die sie erschaffen haben, Bestätigung für den König und seine Macht und Größe.

Im Innern des Giganten

Üblicherweise wurden im dynastischen Ägypten tote Pharaonen einbalsamiert. Zuvor wurden ihnen die Innereien entnommen, in luftdichten Gefäßen, den Kanoben, verschlossen und dem Sarkophag beigestellt. Fand so die sterbliche Hülle des Pharao hier ihre letzte Ruhestätte, konnte das *Ka*, das zweite Ich und mythische Spiegelbild des Herrschers, sich an der glatten Außenwand der Pyramide zur Spitze hin bewegen, um dort vom Sonnengott Ra empfangen zu werden. Das *Ka* war auf diese Weise frei beweglich zwischen Diesseits und Jenseits.

Ein Hinweis auf diese eigentliche Bestimmung der ersten Pyramide, nämlich Grabmal für den Pharao Cheops zu sein, findet sich in dem komplizierten Gängesystem, das die Cheops-Pyramide durchzieht. Siebenundvierzig Meter lange Passagen, die zu einem granitverkleideten Raum, der Königskammer, führen, achtzehn Meter über dem genordeten Eingang liegend. Der schmucklose Raum birgt nur einen großen leeren Sarkophag, dessen Deckel fehlt. Heute zweifelt man allerdings daran, daß Cheops hier je begraben war. Zum einen ist die Grabkammer völlig unverziert, unüblich gemessen an der damaligen Prunksucht, außerdem scheint der Sarkophag unfertig, und Luftschächte führen nach oben.

Seinem Beispiel folgend, ließen später noch Cheops' Enkel Chephren und der dynastische Nachkomme Mykerinos Pyramiden errichten, weniger hoch, aber ebenso kolossal. In ihrer Dreieinigkeit sind sie der Inbegriff der ägyptischen

Hochkultur, Wahrzeichen und Meisterwerke menschlichen Handwerks. Fünftausend Jahre später geht von ihnen immer noch eine Aura aus, die Ehrfurcht auslöst.

Mythos und Gerüchte

Große Ereignisse ziehen eine Unzahl von Gerüchten nach sich. In Philons *Reiseführer zu den Sieben Weltwundern* findet sich eine Passage, worin der Autor genüßlich die Farbenpracht der Pyramiden beschreibt. Smaragd- bis apfelgrüne Hämatite aus Äthiopien, zusammen mit spiegelnd weißem Marmor und dem Rot der Purpurschnecken sollen einen unvergleichlichen Farbenrausch ergeben haben. Der Historiker Ammianus Marcellinus (viertes Jahrhundert) versteigt sich gar zu der Theorie, daß sich auf Grund der steil geschichteten Steinmassen das Prinzip der Schattengebung aufheben würde. Was allerdings eher astronomisch-astrologisch-kultische Signifikanz hat, keine physikalische.

Hurerei für das Höhere

Das hartnäckigste Gerücht seit der Antike rankt sich allerdings um die kleinste der drei Pyramiden, die Mykerinos-Pyramide. Der Geograph Strabon von Amaseia (63 v. – 15 n. Chr.) erwähnt eine Fabel, der zufolge der Hetäre Rhodopis dieses prachtvolle Grabmal gewidmet worden sei. Der Autor scheint Herodots Aufzeichnungen gekannt zu haben, obwohl schon der antike Gelehrte berechtigte Zweifel an der Theorie hatte, die dritte und kleinste der Gizeh-Pyramiden sei mit dem Salär aus Liebesdiensten bezahlt worden. So schreibt Herodot, der sich auf ägyptische Gewährsleute beruft: »Cheops aber sei in seiner Schlechtigkeit so weit gegangen, daß er aus Geldmangel seine eigene Tochter in ein Bordell brachte und ihr auftrug, soundsoviel Geld einzunehmen: Den Betrag nämlich nannte sie mir nicht. Sie also habe die Summe aufgebracht, die ihr der Vater auferlegt hatte, habe aber auch selbst vorgehabt, ein Denkmal für sich zu hinterlassen, und habe jeden, der mit ihr schlief, bedrängt, ihr einen ganzen Stein aus den Werkstätten zu schenken. Aus diesen Steinen, sagt sie, sei die Pyramide erbaut, die in der Mitte der dreien nahe der großen Pyramide steht.«

Selbst bei allergrößter Wertschätzung scheint das doch ein zu aufwendiges Geschenk eines Königs an seine Konkubine und gehört tatsächlich ins Reich der Märchen, die sich um die Pyramiden gebildet haben.

Die Pyramiden selbst schweigen seit über viertausend Jahren über die Umstände ihre Entstehung und tragen so zur immer wieder neuen Legendenbildung bei.

Die Hängenden Gärten der Semiramis

Birnen, Granaten und Äpfel,
behangen mit prächtigen Früchten,
Köstliche Feigen, dazu noch Oliven in prangender Fülle.
Niemals gehen hier aus und
niemals verderben hier Früchte (…)
Derart beschenkten das Haus des Alkinoos
glänzend die Götter.
Immer noch stand der göttliche Odysseus und staunte (…)

HOMER, ODYSSEE

Die Sonne spiegelt sich im Kobaltblau des Ischtar-Tors, gut sichtbar von der siebten Ebene der Gartenanlage, die sich in der Nähe des Königspalastes erhebt. An den Granatapfelbäumen hängen die Früchte wie Trauben, Schmetterlinge tanzen zwischen Bougainvillea und Hibiskusblüten, über allem liegt der betörende Duft der Jasminbäume. Eine Frau mit einem prachtvoll gewirkten Gewand aus Goldfäden durchstreift das üppige Grün, ihre kajalgeschwärzten Augen blicken zu dem großen Turm, schweifen über die mauerbewehrte Stadt, die sichtbar ihren Reichtum und ihre dreitausend Jahre alte Kultur zeigt.

Die Frau könnte die Gemahlin des Assyrerkönigs Nebukadnezar II. (605–562 v. Chr.) gewesen sein. Die Stadt: Babylon, das von einer zweifachen Mauer, auf der ein Pferdegespann fahren konnte, umgrenzt war. Der Turm wird vermutlich der sagenhafte Turm zu Babel gewesen sein, der nach dem Alten Testament (1. Buch Mose 11) den Zorn Gottes hervorrief, weil die Menschen mit dem Bau des riesigen Tempelturms – babylonisch *Zikkurat* – den Göttern entgegenwachsen wollten. Gott strafte die Menschheit daraufhin mit Sprachverwirrung. Tatsächlich haben Forscher Fundamente des einstigen turmartigen Heiligtums Etemenanki gefunden. Einundneunzig Meter jede Seitenlänge und ebenso viele in der Höhe. Tatsächlich haben Forscher auch die Anlage zu der Prachtstraße in Babylon ausgegraben. Nebukadnezar II. ließ sie errichten, und sie durchzog die führende Metropole des Altertums ausgehend vom großen Stadttor, dem Ischtar-Tor, das mit seinen prächtigen Wandverzierungen, den blau schillernden Keramiken und den Goldvorsprüngen zum Herzstück der hochentwickelten babylonischen Kunst zählte.

Wer war Semiramis?

Die schöne Unbekannte aber, die auf der höchsten Stufe ihres Gartenzikkurats steht, war nicht Semiramis. Die Frau Nebukadnezars trug einen anderen Namen, und die wirkliche Königin Semiramis lebte Jahrhunderte vor dem Bau der Gartenanlagen. Dennoch tragen die sogenannten Hängenden Gärten ihren Namen. Vieles wird immer Spekulation bleiben, denn dieses Wunderwerk wurden nie gefunden, lediglich mögliche Unterkonstruktionen einer Gartenanlage. Die bedeutenden archäologischen Funde auf dem Gebiet des einstigen Babylon deuten aber auf eine Kultur hin, die bereits 3000 v. Chr. sensationell entwickelt war und unter Nebukadnezar II. ihren Höhepunkt erreichte. Und daß die sagenhaften Gärten existierten, müssen wir den antiken Geschichtsschreibern wie Herodot einfach glauben. Heute würde man Babylon als großen architektonischen Wurf bezeichnen und die Hängenden Gärten als poetisches Symbol für Monumentalbauten.

Von Bauherren, Monarchen, Göttern und Visionären

Da viele antike und auch spätere Chronisten sich darüber einig sind, Nebukadnezar I. als Bauherrn des sagenhaften Biotops hoch über seiner Stadt anzusehen, bestätigt der Anlaß für diese gartenarchitektonische Glanzleistung diese Annahme. Die Gattin Nebukadnezars stammte aus Persien, ebenso wie das Wort *pairidaeza*, das später zum griechischen *paradeisos* wurde und schließlich als *Paradies* in die deutsche Sprache einging. Es war der Begriff für Grünanlagen, die direkt von den königlichen Gemächern erreicht werden konnten. Die Kunst, immergrüne Gärten in klimatisch ungünstigen Zonen zu errichten und zu pflegen, war keine babylonische Erfindung, sondern Ausdruck des Wohlstands in der gesamten altorientalischen Welt. Zweifellos hatte auch das üppig verschwenderische Babylon solche botanischen Kostbarkeiten, denn diese Stadt war mit ihrer dreitausend Jahre alten Geschichte und dem Erfindergeist ihrer Bewohner herausragend revolutionär.

König Hammurapi (1728–1686 v. Chr.) schuf nicht nur das ganz Mesopotamien umfassende Babylonische Reich, sondern entwickelte bereits um 1700 v. Chr eine kodifizierte Gesetzgebung für Straf-, Zivil- und Handelsrecht. Sein *Codex Hammurapi* findet sich in altbabylonischer Sprache in eine Dioritstele gemeißelt, die man 1902 in der Nähe von Susa entdeckte und die heute im Louvre zu bewundern ist. Seine juristische Errungenschaft war bindend für alle weiteren Dynastien.

Die babylonisch-assyrische Religion wies einen komplexen Pantheon sich zuarbeitender Götter und Götterdiener auf. Sumerische und semitische Einflüsse reicherten den Götterstaat mit neuen Charakteren an, die einen weiten Bogen menschlicher Sehnsüchte bedienten: von Fruchtbarkeit bis Weisheit, von Eros bis Wasser und Sonne, von Zorn bis Zerstörung. Unter Hammurapi wurde Marduk oberster Stadtgott von Babylon, der Hauptstadt des riesigen Reiches, und damit auch oberster Reichsgott. Ihm zu Ehren schuf man den historischen Tempelturm Etemenanki, Vorbild für den Turm zu Babel.

Die darstellende Kunst und handwerklichen Fertigkeiten zeichneten Babylon als einzigartige Weltstadt und Hochkultur zu einer Zeit aus, da in anderen Teilen der Erde noch primitivste Lebensformen herrschten. Schrift, Steinschneidekunst, die Einführung von Rollsiegeln zur Beurkundung, Relief- und Keramikkunst, Tondekor und Artefakte aus Muschelkalk bildeten den Kanon hochentwickelter Handwerkskunst, die bereits vor dem dritten Jahrtausend v. Chr. maßgeblich auf die Entwicklung der ägyptischen und kleinasiatischen Kunst einwirkte.

Sprachverwirrung durch Völkervielfalt

Die Legende der babylonischen Sprachverwirrung kam nicht von ungefähr. Um 3000 v. Chr. schufen die Sumerer, ein Volk völlig unbekannter Herkunft, im Zweistromland zwischen Euphrat und Tigris das politisch neue Konstrukt der Stadtstaaten. Als Erfinder des bewässerten Ackerbaus förderten sie das gemeinsame Arbeiten der Bewohner, was zu sozialer Differenzierung führte. Stadtstaaten wie Ur und Uruk wurden von Fürsten mit priesterlicher Gewalt regiert. Wissen wurde Macht, denn die Sumerer entwickelten die Keilschrift. Schließlich unterwarfen um 2600 v. Chr. die semitischen Akkader das Gesamtreich, wurden abgelöst von den Gutäern, bis wieder die Sumerer kulturell und politisch das Sagen hatten. Erst Hammurapi einte das zerfallene Kleinstaatengewirr und installierte Babylon als kulturellen, religiösen und politischen Mittelpunkt. Hethiter und Kassiten übernahmen in der Folge die Herrschaft, als um 1350 v. Chr. die Assyrer an Einfluß gewannen. Erst unter Naboplassar (626–605

v. Chr.) wurde Babylonien von der Fremdherrschaft befreit, und Sohn Nebukadnezar II. führte der Großmacht noch Syrien und Palästina zu. Kaum hundert Jahre später, unter Perserkönig Kyros, verlor das gigantische Reich seine Unabhängigkeit für immer, nicht aber seine Schönheit. Völlig unzerstört übernahm Kyros die prächtig ausgestattete Großstadt 539 v. Chr. Daran sollte sich zeitgenössischen Berichten zufolge auch nichts ändern, als Alexander der Große nach seinem Sieg über die Perser 331 v. Chr. seinen Lebensmittelpunkt in das antike Megalopolis verlegte. Kaum acht Jahre später starb Alexander in der einst mächtigsten Stadt des Vorderen Orients. Danach verblaßte ihr Ruhm neben den Neugründungen der neuen, seleukidischen Herrscher und versank langsam im Sand.

Ein Haufen Steine und viele Fragen

Was hatte es nun mit den sagenhaften Hängenden Gärten auf sich? Betrachten wir den sensationellen Aufstieg Babylons unter Nebukadnezar, sehr viel. Als der deutsche Forscher

Robert Koldewey 1898 begann, die Überreste der versunkenen Weltstadt Babylon zu suchen, wußte er nicht, daß er in achtzehn Jahren Ausgrabungszeit die Überreste des Zikkurats, Grundfesten der monumentalen Stadtmauer sowie riesige Gesteinshaufen ohne Zuordnung finden würde. Von den legendären Gärten jedoch keine Spur. Bis er eines Tages auf ein unterirdisches Kammersystem stieß, gefertigt aus behauenen Steinen und Brandziegeln, stabil genug, ungeheure Lasten zu tragen. In unmittelbarer Nähe legte Koldewey noch einen Brunnen frei. Aus einschlägiger Literatur wußte der Forscher, daß nur an zwei Stellen in Babylon behauene Steine verwendet wurden: beim Palastbau und bei den Hängenden Gärten. Mit diesem Vorwissen erlaubte sich Koldewey den Schluß, daß ein über dem Gewölbe liegendes System aus Steinbalken, Ziegeln und Asphalt das Gerüst des Stufengartens bildete. Jede der Terrassenunterbauten mußte Stufe für Stufe ungeheure Gewichte tragen, denn die oberste Schicht jeder Stufe bestand aus meterdickem Humus. Zudem lagen Bleiplatten zwischen jeder Stufe, die das Durchfeuchten in die darunterliegende Etage verhindern sollten.

Konkurrierende Historiker und Forscher widerlegten Koldeweys These, indem sie den Standort der Gärten anzweifelten. Nicht neben dem Palast, sondern nur in Nähe des Euphrat hätte solch ein Grünturm stehen können. Leider sind keine Texte aus der Zeit Nebukadnezars überliefert, die Aufschluß geben könnten. Herodot, der weitgereiste Chronist der Antike, ergeht sich zwar in ausführlichen Schilderungen der Mauern Babylons, deren Höhe er mit über hundert Meter angibt, aber von den Hängenden Gärten zeichnet er kein genaues Bild. Kannte er Babylon eventuell gar nicht von Angesicht? Auch Semiramis ist bei ihm nur eine der vielen Herrscherinnen über Babylon, beteiligt am Bau der gigantischen Außenmauern.

Beschreibungen der Gärten finden sich erst bei Aufzeichnungen ab dem vierten Jahrhundert. Ein gewisser Quintus Curtius Rufus, Biograph Alexander des Großen, verstieg sich in Schilderungen, die in das Reich der Phantasie gehören, denn Bäume von fünfzig Meter Höhe und dreieinhalb Meter Stammumfang hätten solches Ausmaß noch nicht einmal auf Muttererde erreicht, geschweige denn auf künstlich bewässerten Stufengärten in kontinentalem Klima mit Temperaturen bis 52 Grad Celsius!

Dichtung und Wahrheit

Strabon, der mit Sicherheit Augenzeugenberichte aus dem Umfeld Alexanders des Großen kannte, ging das Ganze architektonisch an. Er schreibt von mit Erde gefüllten Pfeilern, die Gewölbe und Bögen bilden, in denen die darauf wachsenden Pflanzen wurzeln können. »Schnecken« zum Wassertransport seien an den Stufen befestigt gewesen. Hier scheint Strabons wissenschaftliche Neugierde und seine historische Integrität in Widerspruch zu geraten, denn das Archimedische Prinzip der wasserleitenden Drehbewegung von Spiralen war zur Zeit des babylonischen Gartenbaus sicher nicht erfunden (Archimedes lebte 287–212 v. Chr.). Sehr wohl konnte aber der später lebende Strabon davon

Kenntnis haben und sich so die Wasserzufuhr im alten Babylon zurechtlegen. Erst recht Philon, so schreibt er: »Die Zufuhr von Wasser, das Quellen an höher gelegenen Orten schütten, erfolgt teils indem es in geradem Lauf bergab fließt, teils indem es, in Schnecken hinausgedrückt, nach oben läuft; dabei fließt es durch mechanische Kräfte um die Schraubengänge von Maschinen …«

Das zweite der Sieben Weltwunder hat also sein Geheimnis bis heute nicht gelüftet, weder was die Erbauerin oder den Erbauer betrifft, noch in bezug auf Standort, Bauweise, Aussehen, ja gar seine Existenz. Glauben wir einfach an den unbändigen Schaffensdrang eines Tycoons wie Nebukadnezar II., der Unmögliches möglich machen konnte und dessen Gigantismus uns bis heute Sinnbild ausschweifenden Lebenswandels ist. Die Hängenden Gärten als i-Tüpfelchen oben drauf!

Die Zeus-Statue von Olympia

Ihr reist nach Olympia, um das Werk des Phidias zu sehen, und jeder von euch hält es für ein Unglück, zu sterben, ohne es besichtigt zu haben.

EPIKTET (1. JAHRHUNDERT N. CHR.)

Unerbittlich strahlt die heiße Mittagssonne auf das Hippodrom, wenige Olivenbäume spenden karge Schatten. Unverhüllt ziehen die Lenker mit ihren Wagen und den rassigen Pferden um die Bahn, um sich auf den abendlichen Wettkampf vorzubereiten. An den Rändern des Rennplatzes reiben sich Athleten ihre Haut mit Öl ein und rangeln wie zur Schau ein wenig miteinander, spielerische Vorbereitung zum Ringen. Diskus- und Speerwurf, Weitsprung, Laufen, Ringen und Wagenrennen – neben Faustkampf und Waffenlauf sind dies die klassischen Disziplinen der größten Volksspiele der Antike, befohlen von keinem geringerem als Gottvater Zeus persönlich.

Olympia heißt der göttliche Schauplatz dieser Mischung aus religiöser Verehrung und sportlicher Leistungsshow, ein etwa zweihundert mal hundertsechzig Meter großer Platz im Nordwesten des Peloponnes, benannt nach dem heiligen Berg, dem Göttersitz Olymp (griechisch *Olympos*).

Wer war dieser Zeus, der solch eine Massenbewegung auslösen konnte, obwohl er doch nur in Mythen und Geschichten, Sagen und Legenden lebte?

Feuilleton der Antike

Bereits Zeus' Vater Kronos war ein mächtiger Gott, rachsüchtig, eitel, nicht gewillt, mit seiner Herrschaft Ordnung zu schaffen, sondern darauf aus, Willkür walten zu lassen, bei den Göttern wie bei den Menschen. Als ein Orakel ihm weissagte, einer seiner Söhne würde ihn entmachten, verschlang Kronos alle Kinder, die seine Frau Rhea ihm gebar. Beim sechsten Kind, es war

Zeus, gab ihm Rhea einen in Tücher gehüllten Stein zu essen und verbarg das Kind vor dem Vater, bis es erwachsen war. Als junger Mann wollte Zeus die Untaten des Vaters rächen und forderte ihn zum Kampf auf – es sollte die große Wende am olympischen Pantheon bringen: Der Kampf der Titanen kostete Kronos die Macht. Und Zeus war fortan unangefochtenes Oberhaupt am Olymp, für Götter wie für Menschen.

Der Blitz war seine Waffe, der Adler sein Symbol, seine Aufgabe: der Schutz der menschlichen Ordnung. Zum ewigen Gedenken an diesen revolutionären Akt ordnete er die Wettspiele von Olympia an. Ein durch und durch friedliches Fest, ein Gedanke, den wir bis heute nicht vergessen sollten.

Lebendiger Szene-Ort

Es war selbstverständlich, daß eine heilige Kultstätte Austragungsort der Spiele werden mußte. Ideal schien der heilige Bezirk in der griechischen Landschaft Elis, dessen Hain Altis genannt wurde.

Als 776 v. Chr. die ersten Spiele abgehalten wurden, standen sicher noch nicht die Gebäude, deren malerisch verstreute Ruinen heute zum Weltkulturerbe gehören. Ein Platz mit Freiflächen und lichten Olivengärten diente den ersten Athleten als Austragungsort. Zunächst strömten die Jünglinge der Umgebung herbei, übernachteten in Zelten. Feste Gebäude waren nur das Schatzhaus, zwei kleine Tempel für Zeus und Hera und das Haus des Olympischen Feuers, das von dessen Blitz entfacht worden war. Aus den Anfängen der Regionalspiele entwickelte sich rasch mehr, dreihundert Jahre später war Olympia Kultstätte und Athletenschmiede in einem. Die Sportler kamen aus ganz Griechenland, Spartaner, Athener, Thebaner, Kreter – ungeachtet dessen, ob diese Völker gerade Krieg miteinander führten. Vor und während der Olympischen Spiele herrschte Waffenruhe. Wer sich auf den Weg nach Olympia machte, hatte freies Geleit, in der Umgebung des Heiligen Hains herrschte das Gebot des Friedens, so wollte es Zeus, der mächtige Hüter der Spiele.

Um 470 v. Chr. platzten die alle vier Jahre stattfindenden Spiele aus allen Nähten. Tausende Zuschauer und Hunderte Athleten versammelten sich zum größten panhellenischen Wettkampf. Neben Sport gab es literarische Darbietungen, aus dem kleinen Hain war ein Wald aus Statuen und kleinen Altären geworden.

Kultursponsoring

Ordnung mußte her. Zeus zu Ehren sollte ein Denkmal geschaffen werden, größer, prachtvoller als irgendwo sonst in Griechenland. Mit einem großangelegten Spendenaufruf wurden soviel Wertgegenstände, Geld, Gold und Schmuck zusammengetragen, daß Zeus ein ebenbürtiges Haus errichtet werden konnte. 457 v. Chr. stellte der griechische Architekt Libon von Elis den Zeus-Tempel fertig. Ein Monumentalwerk, erbaut auf einem künstlichen Hügel, symmetrisch geordnet mit vierunddreißig dorischen Säulen aus weißem Muschelkalk, jede von ihnen zehneinhalb Meter hoch. Darüber ein Dach aus Marmorplatten. Das östliche Kapitell zierte ein Fries, das an das Wagenrennen zwischen Pelops und Oinomaos erinnert, den zwei mythischen Gestalten, die als erste olympische Kämpfer gelten.

Das Innere des Tempels selbst war die Calle, dort sollte einmal das Standbild des Zeus seinen Platz haben. Als Künstler suchte man sich die *Crème de la Crème* der Antike, den Bildhauer Phidias (fünftes Jahrhundert). Er hatte schon am Bau der Akropolis in Athen mitgewirkt und dort die glanzvolle Statue der Pallas Athene geschaffen. Aufgaben, die nicht jedem Künstler zugetraut wurden, aber Phidias stand in der Gunst des attischen Staatsmanns Perikles, jenes glänzenden Redners und Strategen, der die politische Stellung und den architektonischen Ausbau Athens festigte und sich mit Intellektuellen wie Sophokles und Herodot umgab. Er gab auch diesem Höhepunkt der klassischen griechischen Kultur seinen Namen: das Perikleische Zeitalter. Kein Wunder also, daß »Freund« Phidias den Auftrag bekam, das bedeutendste Zeus-Standbild zu schaffen, das die Welt bis dahin gesehen hatte.

Phidias und die Statue

Klar war, daß Phidias die Aufgabe nicht innerhalb des Tempels bewerkstelligen konnte, also ließ er sich ein Atelier in unmittelbarer Nähe des Zeus-Tempels errichten, exakt so groß wie der Tempel selbst. Hier konnte er in Ruhe zu Werke gehen, schließlich arbeitete Phidias mit den edelsten Materialien dieser Zeit: Elfenbein, Edelsteinen und Gold. Da das Standbild als einziges seiner Zeit überdacht residieren durfte, wählte wohl Phidias nicht Stein oder Marmor als Material – eine Entscheidung, die dem Standbild keine Dauer bescherte.

Das Grundgerüst des göttlichen Ebenbilds konstruierte Phidias aus Eisen und Holz, mit Gips modellierte er die überdimensionale Figur. Sämtliche unbekleideten Körperteile ummantelte er dann mit feinen Elfenbeinplatten. Daraus bildete sich die Sage, Zeus habe die Elefanten nur geschaffen, damit sie das kostbare Elfenbein für seine Statue lieferten. Denkt man an den natürlichen Lebensraum der Elefanten und die damaligen Transportmöglichkeiten, um ausreichend Elfenbein bis zum Peloponnes zu befördern, bekommt man eine Ahnung vom Umfang der Baumaßnahme.

Keine Mittel schien zu extrem, um würdiges Material für das Denkmal zu sein. Haare, Gewand und Sandalen fertigte Phidias aus Gold, nachträglichen Berechnungen zufolge um die zweihundert Kilo! Soviel hatte er bereits bei anderen Statuen aus seiner Werkstatt verbraucht. Vermutlich ebenso kostspielig waren die Augen des Artefakts: faustgroße Edelsteine. Schließlich hatte Phidias mit zwei Gehilfen einen zwölf Meter hohen sitzenden Zeus geschaffen. Aufrecht thront der Gott in einem Armsessel, in einer machtvollen Pose eingefangen. Ein Bein leicht angewinkelt auf einen Löwenschemel gestützt. In seiner Linken das Zepter, Adler bewehrt, auf der Hand seines erhobenen rechten Arms eine geflügelte Nike, die Siegesgöttin, die allein so groß wie ein ausgewachsener Mann war.

Zeus' Kopf war von einem Olivenzweig umkränzt, der Trophäe für die siegreichen Olympioniken. Vermutlich in Einzelteile zerlegt, wurde das Kunstwerk in den Tempel transportiert und dort wieder errichtet.

Sicherlich beeindruckend war diese Ansammlung prachtvoller Materialien in Göttergestalt, aber der Akropolis und anderen Statuen nicht weniger berühmter Künstler in nichts überlegen. Warum wurde also genau diese Statue so berühmt, daß sie bereits in den ersten Weltwunderhitlisten auftauchte?

Der gute Gott

Zeus-Statuen dürfte es im dritten Jahrhundert v. Chr. in Griechenland in großer Zahl gegeben haben, aber keine wurde so verehrt wie die des Phidias in Olympia. Bevor die Athleten in den Wettkampf gingen, brachten sie am Altar der Statue Opfer dar, beteten sie und schworen Zeus, fair zu kämpfen. Erst dann konnte das fünftägige Wettspektakel beginnen. Zur Siegerehrung wurden den jungen Männern dann Ölzweige um die Stirn gelegt. Herakles, Zeus' Sohn, soll einen Olivenbaum gepflanzt haben, von dem die Zweige abgeschnitten wurden. Der Zweig wurde somit

Symbol für eine von Zeus überreichte Ehrung. Bereits im dritten Jahrhundert v. Chr. kamen zum symbolischen Preis auch Geldprämien hinzu, und aus den einstigen Amateurwettkämpfern waren Profisportler geworden. Nach der Christianisierung veränderten sich die Olympischen Spiele. Zeus war nicht mehr das Zentrum der Verehrung. Schließlich verbot Kaiser Theodosius I. 393 n. Chr. die Spiele als heidnischen Kult. Erst 1896 belebte Pierre de Coubertin die Spiele wieder.

Doch in der Antike genoß die Statue den besten Ruf und wurde von vielen Chronisten erwähnt. Der römische Dichter Plinius der Ältere (23–79 n. Chr.) sagte von der Zeus-Statue, daß ihr »niemand den Rang streitig macht«. Und daß im ersten Jahrhundert n. Chr. immer mehr Menschen zu dem berühmten Standbild pilgerten, geht aus einem niedergeschriebenen Gespräch des griechischen Philosophen Epiktet hervor: »Ihr reist nach Olympia, um das Werk des Phidias zu sehen, und jeder von euch hält es für ein Unglück, zu sterben, ohne es besichtigt zu haben.« Ausführlich und enthusiastisch schildert der Reiseschriftsteller Pausanias im zweiten Jahrhundert n. Chr. seinen Eindruck der touristischen Sehenswürdigkeit: »Obwohl ich weiß, daß die Maße des Zeus in Olympia nach Höhe und Breite aufgezeichnet sind, will ich die nicht loben, die sie gemessen haben, da auch die von ihnen angegebenen Maße weit hinter dem Eindruck zurückbleiben, den das Standbild auf den Betrachter macht.«

Auch wenn es keine überlieferten Bilder der Statue gibt – nur auf kleinen zeitgenössischen Münzen findet man einfache Abbildungen des olympischen Zeus –, die vielen übereinstimmenden Schilderungen etlicher berühmter Besucher in Olympia erzählen der Nachwelt von einem beeindruckenden Bauwerk.

Fluch und Segen des Goldes

Angesichts so vieler hymnischer Beschreibungen könnte man meinen, auch Phidias als Schöpfer dieses Wunders sei ewiger Ruhm beschieden gewesen. Denn der Künstler hatte mit der Statue nicht ein übliches Zeus-Heiligtum, sondern ein völlig neues Götterbild geschaffen. Der Zeus des Phidias war nicht mehr nur ein unsterbliches Abbild menschlicher Unzulänglichkeiten, sondern schien tatsächlich göttlich in einem versöhnlich-gütigen Sinn. Phidias' Zeus muß weise und überlegen gewirkt haben, fähig, Menschen zu führen und ihnen zu verzeihen, eine Eigenschaft, die erst vierhundertfünfzig Jahre später durch Christus den großen Siegeszug des Monotheismus begleiten sollte.

Der artifizielle Zeus von Olympia schien nun nicht mehr nach dem Gesetz von Willkür und Eitelkeit zu handeln, wie es sonst den olympischen Göttern zugeschrieben wurde. Mit diesem wahrhaft göttlichen Ausdruck hatte Phidias eine geradezu revolutionäre Aussage in sein Kunstwerk gelegt.

Der große römische Philosoph und Politiker Marcus Tullius Cicero schrieb über die Zeus-Statue, sie sei das Vollkommenste, was man in dieser Art sieht. Und der Grieche Dion von Prusa hielt um 1000 n. Chr. in einer Rede zu den

221. Olympischen Spielen die außergewöhnliche Leistung des Phidias fest: »So hast du denn ein Schaustück erdacht und geschaffen, dessen Anblick wahrhaftig ›Schmerz lindert und Ärger, vergessen macht jegliches Unheil‹ (Homer).«

Der Untergang

Vieles aus Phidias' Leben ist dokumentiert, nicht zuletzt durch Pausanias, der wohl die ausführlichste Beschreibung des Kunstwerks überlieferte. So erwähnte er in seinem Text nicht nur die Werkstätte des Phidias, die erst im zwanzigsten Jahrhundert bei Ausgrabungen wiederentdeckt wurde, sondern auch einen gewissen Pantarkes, einen jungen Athleten, der wohl an den 86. Olympischen Spielen teilnahm und sich somit zum selben Zeitpunkt wie Phidias in Olympia aufhielt. Beide lernten sich dort wohl kennen und lieben.

Phidias war trotz seines enormen Ruhms nicht die ewige Gunst der Herrscher beschieden. Über sein Lebensende weiß man wenig. Er, der ein Leben lang göttliche Kunstwerke schuf, bei den Herrschern des Landes in höchstem Ansehen stand, soll der Untreue, Elfenbein und Gold unterschlagen zu haben, angeklagt gewesen sein. Vielleicht wurde Perikles, dem Staatsmann und einstigem Freund, der Ruhm des Phidias zuviel? Fürchtete er, daß dieser ihm den Rang ablaufen könnte? Denn schon zu Lebzeiten des Phidias sangen Dichter und Chronisten Lobeshymnen auf die Zeus-Statue und ihren Erbauer. Auf der anderen Seite kann es gut möglich sein, daß der tägliche Umgang mit den kostbaren Materialien Phidias unvorsichtig werden ließ.

Die Meinungen über sein Ende gehen auseinander, einmal soll er im Gefängnis gestorben sein, ein andermal nach Elis in seine Werkstatt geflohen sein. Niemand weiß es.

Und die Statue?

Genausowenig bekannt ist das Ende der Zeus-Statue selbst. Scheinbar stand sie lange unter einem unbegreiflichen Schutz. Zeus selbst hielt schützend die Hand über sie, so schien es. Denn als der römische Kaiser Caligula (37 v. –

41. n. Chr.) bereits Gerüste installiert hatte, um die Zeus-Statue abzubauen und nach Rom zu befördern, soll ein unheimliches Lachen erklungen sein, worauf die Arbeiter die Flucht ergriffen. War es den Römern nicht gelungen, das Standbild zu rauben, so hatte zumindest einhelligen Beschreibungen zufolge der Zahn der Zeit an den vergänglichen Materialien genagt. Im zweiten Jahrhundert n. Chr. soll das »Gewand schäbig« gewesen sein, die »goldenen Locken« fehlten dem einst mächtigen Götterbild.

Ob die Statue schließlich doch nach Konstantinopel verschleppt wurde oder einem Palastbrand zum Opfer fiel oder gar mit dem Ende der antiken Olympischen Spiele die Statue gefleddert und in alle Winde verstreut wurde, bleibt ein Geheimnis. So ist die Existenz des Erbauers und seines glanzvollsten Weltwunders zwar historisch belegt, aber deren beider Ende bis heute unerforscht.

Der Tempel der Artemis in Ephesos

Der Tempel der Artemis in Ephesos ist das einzige Götterhaus (unter den Weltwundern, Anm.).
Wer ihn betrachtet, wird überzeugt sein, daß der Ort vertauscht worden ist und der himmlische Schmuck der Unsterblichkeit auf die Erde geleitet worden ist.

PHILON VON BYZANZ

Hitze brütete über dem Schwemmland, das der Fluß Kaystros mit seinem Delta immer wieder nährte. Unwirtlich, aber fruchtbar schien das Gebiet an der Küste Kleinasiens, das sich ungefähr auf der Höhe der Insel Samos befindet. Ionier setzten vom griechischen Festland über, um nach neuen Siedlungsmöglichkeiten zu suchen. An einer abgelegenen Stelle machten sie eine Entdeckung: In einer kleinen Einfriedung fanden sie einen heiligen Baum, in dem die Bewohner der Gegend eine asiatische Naturgottheit, ausgestattet mit vielen Brüsten, verehrten. Die Griechen schlossen sich dem Kult an, allerdings gaben sie der Gottheit einen ihnen bekannten Namen: Artemis, Göttin der Jagd, der Gebärenden, der Fruchtbarkeit, aber auch der Sümpfe, des Wassers und der Nymphen. In der Nähe der Weihestätte gründeten sie auch eine Siedlung, die recht erfolgreich zu wachsen begann. Das alles geschah ungefähr um 1000 v. Chr.

Amazonengebiet

Der Ursprung der still verehrten Naturgottheit, welche die Ionier in ihren Götterreigen aufnahmen, ist ungeklärt. Kybele scheint ihr Name gewesen zu sein, und der Platz, an dem sie verehrt und der von den Ioniern entdeckt wurde, war mythisch vorbelastet. So sollen dort bereits die Amazonen, das kriegerische Frauenvolk aus Kappadokien, eine Weihestätte eingerichtet haben und diese mit einem Asylrecht versehen haben. Hier liegt nun das eigentlich emanzipatorische Element des heiligen Ortes, der einmal den größten Tempel der Antike tragen sollte. In den vielen kriegerischen Auseinandersetzungen, die von den Amazonen geführt wurden – sie waren unter ihrer Königin Penthesilea Bundesgenossen der Trojaner –, waren geschützte, also kriegsfreie Orte unerläßlich. Auch andere Könige begaben sich in den Bannschutz des heiligen Ortes, der nicht immer, aber weitgehend respektiert wurde. Aus dieser Zeit stammt wohl auch die tiefe Verehrung für die Amazonen, denn zahlreiche Amazonendarstellungen fanden sich auch in den späteren Artemis-Tempeln.

Schon kurz nach der Entdeckung der heiligen Stätte begannen die Ionier das Heiligtum zu erweitern. Zu unwürdig schien ihnen nur ein Hain oder Baum für eine ihrer größten Göttinnen, immerhin Zwillingsschwester des Apollon, Tochter des Zeus. Da fügte es sich gut, daß auch die kleine Neugründung Ephesos auf Grund von Lage, Glück und Geschicklichkeit bald zu einem der begehrtesten Handelsplätze des Mittelmeerraums wurde. Das fruchtbare Schwemmland konnte kultiviert werden, der Hafen wurde wichtiges Bindeglied zwischen den Handelszentren der orientalischen Welt und den Kaufleuten aus Griechenland und Nordafrika. Fischreich war der Fluß Kaystros, und es schien den Bewohnern nur allzu einleuchtend, daß bei all diesem Aufschwung Göttliches mitspielen mußte.

Praktischerweise waren heilige Stätten in der Antike auch immer Plätze, zu denen die Menschen ihr Hab und Gut brachten. Gold, Schmuck und Edelsteine wurden an den heiligen Stätten verwahrt, »in Schutz« genommen. Ein Umstand, der heilige Stätten zu den ersten »Banken« der Welt machte. Die Priesterin als Vermögensverwalterin, die Verbindung von Mythos und Reichtum, die Möglichkeit des religiösen Urverständnisses zu helfen und tatsächliche Hilfeleistung durch Verleihen materieller Güter hatten auf ideale Weise zusammengefunden. Wo heilige Stätten waren, war auch materielle Sicherheit. Kybele-Artemis plus die Einfriedung, die von den Amazonen als heiliger Bezirk eingerichtet war und Schutz bot, waren also der ideale Platz für einen Artemis-Altar. Auf das Jahr 700 v. Chr werden die Funde der ersten Altarplatten datiert, die auf dem sumpfigen Untergrund errichtet wurden. Mit nur knapp drei mal fünf Metern eher noch bescheiden, aber eben ein Anfang.

Kein Halten mehr

Doch diese Genügsamkeit sollte im Jahr 560 v. Chr. ein Ende haben. Lyderkönig Kroisos, dessen Reichtum legendär war, eroberte die blühende Metropole Ephesos und ordnete den Bau eines prächtigen Artemis-Tempels an. Nicht unbedingt aus lauter Nächstenliebe zu seinem frischeroberten Volk, vielmehr aus einer tiefen Verehrung für die griechische Kunst. Eine Kopie der Akropolis oder anderer klassischer Bauten des griechischen Festlands würde ihn der Kultiviertheit seiner verehrten Griechen näherbringen, ganz abgesehen von Ruhm und Ehre, einen Artemis-Tempel von ausgesuchter Größe zu besitzen. Zwar gab es Artemis-Tempel im gesamten hellenistischen Raum zuhauf, aber der von König Kroisos sollte der größte werden.

Um das kostbare Stück vor Erdbeben zu schützen, die in dieser Gegend häufig sind, sollte es auf sumpfigen Boden errichtet werden, der vorher stabil fundamentiert wurde. Diese sich eigentlich widersprechende Bauweise wurde mit brandgehärteten Eichenstämmen, die in den sumpfigen Boden getrieben wurden, und dazwischen ruhendem Felsgestein bewerkstelligt. So hatte man im flexiblen Grund eine tragfähige Plattform geschaffen, die stabil genug war, ein einundfünfzig mal einhundertfünf Meter großes Bauwerk zu tragen, das mit über achtzehn Meter Höhe einem sechsstöckigen Haus entsprach. In mehreren Reihen waren die hundertsiebenundzwanzig Marmorsäulen angeordnet, ihre Durchmesser verschieden dick, die Kannelierung unterschiedlich, was dem weich fließenden Schönheitsideal der Ionier entsprach. Viele Künstler hatten sich in den Ausschmückungen der Säulen und Kapitelle verewigt; Kroisos sollte nicht der einzige Bauherr bleiben bei dem Kunstwerk, das hundertzwanzig Jahre Bauzeit in Anspruch nahm.

Schließlich erhob sich aus dem sumpfigen Schwemmland von Ephesos die größte Tempelanlage der damaligen Zeit, marmorweiß und mit einem Dach aus Zedernholz, Türstöcken aus dem Holz der Zypressen und im Innern als Herzstück der Calla: die Artemis-Statue.

Eine ganz eigene Mode

Kleine Tierdarstellungen, Stierbilder, Löwenbüsten, Rehköpfe zierten den Rock der Gottheit, Haare und Arme waren ebenfalls von Tierbildern gesäumt. Zwischen Brust und Bauch trug die stolze Lebenshüterin glockige Dolden, deren Art und Bestimmung unterschiedlich gedeutet wird. Manche erklären die Vielbrüste mit der Aufgabe der Artemis, Fruchtbarkeit zu spenden, andere deuten die Wölbungen als gefüllte Stierhoden, die der Göttin bei den Weihespielen umgehängt wurden. Zu Ehren der Artemis waren Stieropfer üblich. Bis heute wurden zahlreiche Artemis-Statuen und Figurinen gefunden, alle weisen ähnliche Merkmale, Tierdarstellungen und Vielbrüstigkeit auf. Die Arme zeigen immer angewinkelt nach vorne, zum Spenden bereit.

Als der Artemis-Tempel endlich fertiggestellt war, zierten sein Inneres Amazonenbilder. Im Zentrum erhob sich eine zwei Meter große, aus Weinrebholz geschnitzte, über und über mit Gold und Silber verkleidete Statue der Artemis. An den ebenfalls vergoldeten hölzernen Türstökken hingen mit ätherischen Ölen getränkte bunte Tücher, Wandbehänge dekorierten die Calla.

Kunst, Mythos und Kommerz

Man darf sich diesen heiligen Ort nicht als stille Stätte der Kontemplation vorstellen. Menschen gingen ein und aus. Lebhaft wurde hier Handel getrieben. Die bereits hocherblühte Stadt Ephesos hatte eine Viertelmillion Einwohner, und das priesterliche Bankwesen hatte schon so manchem Monarchen für Feld und Beutezüge Geld gegen gute Zinsen geliehen. Ephesos und sein Artemision waren ein Wirtschaftszentrum mit großem Potential, die Epheser waren stolz und unabhängig, scheinbar unantastbar. Auf zahlreichen der Säulen war der Name »Kroisos« eingemeißelt, zum Zeichen seines üppigen Mäzenatentums.

Der Tempel war der erste seiner Art mit einem Marmorgebälk, von dem bis heute unklar ist, wie es trotz seines Tonnengewichts auf die Säulen gesetzt werden konnte. Zahlreiche Legenden spielen auf ein Eingreifen Artemis' an, die in einer einzigen Nacht die Steine ineinandergeschoben haben soll, so daß sie unverrückbar aufeinanderlagen. Fast hundert Jahre lang konnten damalige Touristen, Reisende, Händler, Seefahrer, Chronisten und Pilger das Wahrzeichen von Ephesos in all seiner Pracht bewundern.

Dann kam die Nacht des 21. Juni 356 v. Chr. Um unvergessen zu werden, entzündete ein einzelner Mann die Vorhänge und Türstöcke des Artemisions, und das Heiligtum brannte in nur einer Nacht nieder, die Marmor- und Kalkelemente barsten unter der Hitze des Feuers. Der einst so unvergleichliche Tempel glich einem schwelenden schwarzen Trümmerhaufen, der die gesamte antike Welt in Entsetzen und Trauer versetzte. Der Täter, der unter Folter die Tat gestand, sollte bei Todesstrafe nie genannt werden. Tatsächlich kam sein Name doch heraus und ist, wie es eben sein Wunsch war, bis heute unvergessen: Herostratos. Und all jene Nachahmer, die furchtbare Verbrechen begingen, um unsterblich zu werden, bekommen bis heute das Attribut, eine »herostratische Tat« begangen zu haben.

Antike Charity

Als die Trümmer abgekühlt waren und die Menschen von Ephesos die erste Schmerzstarre abgelegt hatten, ereignete sich in ihrem Sinne ein Wunder. Unter den Ruinen aus Steinbrocken, verkohlten Balken, Aschehaufen war die Statue der Artemis fast unversehrt erhalten. Ein Zeichen für einen Wiederaufbau. Eine spontane Spendenwelle setzte ein, aus aller Welt wurden Kostbarkeiten nach Ephesos geschickt, so groß war der Wunsch nach einem Neubau des Heiligtums.

In der Nacht des Brands hatte allerdings noch ein weiteres geschichtsträchtiges Ereignis stattgefunden. In Makedonien wurde der kleine Alexander geboren, der in nur wenigen Jahrzehnten zu Alexander dem Großen werden sollte. Später würde seine Mutter die Fama verbreiten, Artemis als Schützerin der Gebärenden habe in der Nacht der Brandstiftung an ihrem Bett gesessen, weshalb der Brand passieren konnte, und für Alexander bestehe deshalb eine besondere Pflicht, zum Wiederaufbau deren Tempels beizutragen. Bis Alexander allerdings nach Ephesos kommen sollte, hatten die Epheser bereits dank der zahlreichen Spenden mit dem Neubau begonnen. Cheirokrates, ein erfahrener ephesischer Architekt, der mit dem Bebauen sumpfigen Geländes bestens vertraut war, ließ die Trümmermassen des zerstörten Tempels planieren und hatte so ein stabiles, zwei Meter hohes Steinfundament im ansonsten weichen Grund. Damit nicht wieder ein Wahnsinniger das Kunstwerk zerstören konnte, wurde beim Neubau nur noch Stein als Material verwendet. Durch die jahrzehntelange Bauzeit und immer wiederkehrende Geldnöte war der neue, nun noch größere Tempel immer noch nicht fertiggestellt, als im Jahr 334 v. Chr. Alexander der Große auf seinem Siegeszug durch Kleinasien nach Ephesos kam. Nicht nur mit Rat, sondern auch mit Geld wollte Alexander helfen. Da aber im griechischen Denken alles Barbarische – Alexander gehörte als Makedonier zu den Barbaren – unerwünscht war, mußten die Epheser sich diplomatisch aus der Affäre ziehen. Ein Gott könne einer Göttin keine Tempel bauen, ließen sie ihn wissen und vermieden mit dieser Schmeichelei weitere pekuniäre Einmischungen Alexanders.

Andere Zeiten, andere Sitten

Um 250 v. Chr. stand endlich der zwar nach altem Vorbild erbaute, aber noch massivere Tempel und wurde zu dieser Zeit bereits als eines der Weltwunder gehandelt, wie die ältesten Weltwunderlisten, das *Laterculi Alexandrini* und die Liste des Antipatros von Sidon belegen. »Wer versetzte den Parthenon, der am Gewölbe des Himmels ehemals aufgebaut war, von dem Olympos herab bis in die Stadt des Androklos, die Herrin der rührigen Ionier, Ephesos, die in der Schlacht wie in der Musenkunst glänzt.« So dichtet Antipatros über die glanzvolle Metropole zwischen Fluß und Meer. Ab 133 v. Chr., nach der Eroberung der Stadt durch die Römer, erblühte die Stadt noch einmal unter der Herrschaft der Weltmacht Rom. Artemis hieß nun Diana, das Tempelheiligtum war Marktplatz und Umschlagplatz für Geld und Güter, und die Heiligenverehrung trat immer mehr in den Hintergrund. Sowohl die feuchtwarme Umgebung als auch Altersschäden hinterließen Spuren an dem Monumentalbauwerk. Als 262 n. Chr. die Goten die Stadt Ephesos brandschatzten und plünderten, zerstörten sie auch große Teile des Tempels.

Noch einmal, rund hundertfünfzig Jahre später, sollte der eifrige Christianisierer Theodosius I. alles Heidnische verbieten und ließ nicht nur den Zeus-Tempel in Olympia, sondern auch das Artemision von Ephesos schließen. Wer nun Baumaterial brauchte, bediente sich am Tempel, bis im Spätmittelalter auch der letzte Brocken des einst so mächtigen Kunstwerks im Morast des Schwemmlands verschwunden war.

Weltwunderlisten als Kulturtestament

Wären nicht die beiden ältesten Weltwunderlisten gewesen und zahlreiche Augenzeugenberichte, der Artemis-Tempel zu Ephesos wäre für immer ausgelöschte Vergangenheit geblieben. Mit der Rückkehr zu Originaltexten aus der Antike trug die Frührenaissance zu neuerlichem Interesse an den vergangenen Schätzen bei. Man wollte mehr wissen über Ursprung und Aussehen, aber erste Ausgrabungen im fünfzehnten Jahrhundert verliefen erfolglos, weil man sich bei der Standortsuche vertan hatte. Erst im ausgehenden neunzehnten Jahrhundert konnten erste kleinere Hinweise auf das Artemision entdeckt werden. Archäologen des zwanzigsten Jahrhunderts entdeckten schließlich einen Schatz mit dreitausend Kleinodien, wohl eines der vielen Wertdepots, die in dem Heiligtum lagerten.

So wie die kleine Weihestätte der Kybele den Artemis-Boom auslöste, so gab das Artemision sein mythisches Erbe an das Christentum weiter. Kurz nach der Schließung des Tempels ließ Johannes Chrysostomos von Konstantinopel aus den Trümmern des Artemisions die gewaltige Johanneskirche in unmittelbarer Nähe des einstigen Heiligtums errichten. Zur Zeit Kaiser Theodosius' II. (408–450 n. Chr.) tagte 431 in der Kathedrale von Ephesos das Dritte Ökumenische Konzil, das endgültig die Jungfrau Maria zur Gottesgebärerin *(Theotokos)* erklärte. Die Mondsichel wurde das Symbol der jungfräulichen Beschützerin. Mit dem Übergang zum Christentum hatte die Verehrung der symbolischen Großen Mutter einen neuen Namen an historischer Stelle: Statt Kybele, statt Artemis wurde Maria verehrt. Eine Kuppelkirche, im sechsten Jahrhundert teils ebenfalls aus den Steinen des alten Artemisions erbaut, erreichte mit hundertdreißig Meter Länge das Ausmaß des alten Heiligtums, aber nie seine Berühmtheit, das vierte Weltwunder zu sein.

Das Mausoleum von Halikarnassos

Das Grab in Halikarnassos ist für Mausolos, den König der Harlikarnassier gebaut, und es ist so groß und in seiner Ausstattung so wunderbar, daß sogar die Römer es enorm bewundern und die berühmten Grabmäler bei sich selbst ›Mausoleen‹ nennen.

PAUSANIAS (2. JAHRHUNDERT N. CHR.)

Königin Artemisias Trauer war nicht nur begründet durch den Verlust ihres Ehemanns Mausolos, der auch noch ihr Bruder war, sie bedauerte aus tiefstem Herzen, daß er sein eigenes Grabmal immer nur als Baustelle gesehen hatte. Zu mächtig und aufwendig war der Bau angelegt, als daß er zu Lebzeiten des großen Herrschers noch fertiggestellt werden konnte: der säulenumkränzte Würfel, auf dem ein pyramidenartiger Stufenbau hochragte, auf dessen Gipfel eine

Quadriga den Überblick aus neunundvierzig Meter Höhe hatte.

Nach Mausolos Tod im Jahre 353 v. Chr. ließ Artemisia das Bauwerk vollenden, das auf Ewigkeit den Namen Mausolos der Nachwelt unvergessen machen sollte. Eine Ewigkeit, die tausendfünfhundert Jahre dauern sollte, immerhin damit eine der längsten Zeiten, die eines der Sieben Weltwunder überdauerte, wenn man einmal von den Pyramiden absieht.

Größenwahn oder Mäzenatentum?

Was aber trieb einen der vielen persischen Herrscher der damaligen Zeit dazu, solch ein Bauvorhaben in Angriff zu nehmen? War es eine Art Wettstreit unter den Mächtigen, wer das größere Bauwerk errichten könnte? Ephesos mit seinem Artemision lag nur hundertelf Kilometer nördlich von Halikarnassos, die Olympischen Spiele rund um den Tempel des Zeus waren alle vier Jahre *das* ungekrönte Großereignis im gesamten Mittelmeerraum. War es eine Art Profilierungssucht unter Königen?

Um 350 v. Chr. war das Persische Reich ein unübersehbar riesiger Verwaltungsbereich. Seit Perserkönig Kroisos um 560 v Chr. auch noch die kleinasiatische Küste erobert hatte, waren alle Siedlungen, die einst die neu siedelnden Ionier gegründet hatten, persisch. Statthalter mußten her, um die vielen kleinen Landstriche, Stadtstaaten, die unterschiedlichen Völker des Reiches, das sich vom Mittelmeer bis zum Indus, vom Schwarzen Meer bis zum Indischen Ozean erstreckte, zu regieren und zu verwalten.

Wie König Kroisos als ein glühender Bewunderer der griechischen Lebensart galt, war wohl auch König Mausolos Griechenlandfan. Er war Satrap des Landstrichs Karien an der Westküste Kleinasiens, das heißt, er war Herrscher eines kleinen Teils des persischen Großreichs und dem großen Perserkönig dienstverpflichtet. Anders wäre das unübersichtliche Reich nicht zu regieren gewesen. Kein Wunder, daß diese Könige unter Königen sich ein eigenes Profil geben wollten.

Mausolos hatte sich dafür etwas ganz Besonderes ausgedacht: Er wollte sich selbst zum Mittelpunkt der Kunst machen und sein Grabmal bereits zu Lebzeiten als Monumentalbau präsentieren. Ein Vorhaben, das aufging: Das Grabmal des König Mausolos ging nicht nur als Bauwerk, das viele Zeitzeugen lange Zeit bewunderten, in die Liste der Sieben Weltwunder ein, sondern gab auch allen nachfolgenden Nekropolen seinen Namen: Mausoleen werden seither in die Höhe ragende Grabmäler wichtiger Persönlichkeiten genannt.

Ein Grabmal für die Unsterblichkeit

Die Ägypter hatten es vorgemacht: Unsterblichkeit durch den Bau der größten Grabmäler, die je gebaut wurden. Dazu die ungeheuer ästhetische Bauweise der Griechen, die mit der Symmetrie der Säulenbauten und dem Ebenmaß ihrer Artefakte den Geschmack nicht nur einer Epoche prägten. Selbst Landesfeinde der Griechen wie die Perser bewunderten den griechischen Stil restlos und kopierten ihn, bauten ihn nach, wo es ging. Und wer es sich leisten konnte, holte sich gar griechische Baumeister. Solche Fremdarbeiter waren im Persischen Reich bestens gelitten.

König Mausolos wollte aber nicht nur die Besten, sondern *den* Besten und schrieb, ganz moderner Bauherr, einen Wettbewerb aus. Schließlich hatte bereits sein Vater König Hekatomnos, ein treuer Unterkönig des großen Perserkönigs Artaxerxes, aus dem kleinen verschlafenen Halikarnassos eine blühende Hafenstadt gemacht, als er den Sitz seiner Residenz aus dem großen Mylasa an die Küste in ebendiese Stadt verlegte.

Nach dessen Tod bestieg sein Sohn Mausolos den Thron, der mit großer Verve das an Berghängen gelegene Hafenstädtchen zu einer glanzvollen Kulturmetropole ausbaute. Von starken Befestigungsmauern eingeschlossen, hatte Halikarnassos eine große Agora als Stadtmittelpunkt, dahinter bereits deutlich höher liegend einen Tempel, der dem Kriegsgott Ares gewidmet war. Auf halbem Weg zwischen Agora und Tempel wählte Mausolos einen würdigen Platz für sein Grabmal. Endlich konnte er seiner Bewunderung für die griechische Kunst frönen und unter den Besten der griechischen Meister wählen. Und alle kamen. Denn seit 404 v. Chr.

auch Athen an die Perser gefallen war, herrschte Armut in den griechischen Gemeinden, große Bauten und Kunstwerke konnten sich die Griechen selbst nicht mehr leisten; sie waren auf die Aufträge aus dem »Ausland« angewiesen. Gerne angenommene Arbeit, selbst wenn sie von Barbaren kam. So schrieb auch der römische Architekt Vitruvius: »Das Glück hat diesen Architekten die größte und höchste Gnade erwiesen, denn Künstler, über deren Werke man urteilt, daß sie in alle Ewigkeit herrlichsten und immerwährend frischen Ruhm haben, leisten ihnen bei der Ausführung ihres Entwurfs hervorragende Dienste.«

Künstlerkommune

Mausolos, der die Baumeister Satyros und Phytheos mit der Durchführung der Baumaßnahmen beauftragt hatte, stellte den beiden Architekten in einem großangelegten Wettbewerb Bildhauer von Rang und Namen an die Seite: Leochares, Bryaxis, Skopas und Timotheos. Sie alle hatten den Schaulauf um die Kunst am Bau gewonnen, und jeder durfte eine Seite des dreiunddreißig mal neununddreißig Meter Grundfläche messenden Monumentalbaus mit seiner künstlerischen Handschrift versehen. Das Mausoleum wurde auf diese Art zu einem Gesamtkunstwerk der damals größten Meister ihres Fachs. Reliefplatten über und unter den neununddreißig je elf Meter hohen Säulen bestimmten das Gesamtbild des viereckigen Grundbaus, des sogenannten Pteron. Darüber muß sich eine pyramidenartige Kuppel emporgestreckt haben, deren Abschluß eine marmorne Quadriga bildete. Wahrscheinlich war es das Zusammenwirken von einzigartiger Architektur und kunstvollen Reliefen, die ein Spiegel der antiken Welt waren, das dem Bauwerk zum Ruhm des Weltwunders verhalf.

Mausolos selbst hat, wie gesagt, sein »Lebenswerk« nie vollendet gesehen, und es ist Artemisia, seiner Frau und Schwester, zu verdanken, daß an dem Wunderwerk weitergearbeitet wurde. Allerdings setzte sie sich ungewöhnlicherweise auch ein Denkmal damit, denn das marmorne Viergespann auf der Kuppel des Mausoleums wird von

Mann und Frau gelenkt, ein bis dahin undenkbarer Ansatz von weiblichem Selbstverständnis.

Den letzten Schliff allerdings bekam das Grabmal nach Artemisias Tod; sie starb nur zwei Jahre nach Mausolos. Baumeister, Architekten und Künstler sahen es als Ehre, das Vorhaben, das für die Ewigkeit gemacht war, zu vollenden.

Nichts währt ewig

Als Alexander der Große 334 v. Chr. Halikarnassos eroberte, blieb trotz Verwüstungen das Mausoleum unzerstört, genauso wie in den vielen darauffolgenden Kriegswirren, über tausendfünfhundert Jahre lang. Was der Mensch nicht zerstören konnte, schaffte die Natur. Ein Erdbeben im zwölften Jahrhundert ließ das scheinbar unerschütterbare Bauwerk wie ein Kartenhaus zusammenstürzen. Bevor 1523 die türkischen Truppen des Sultans Suleiman des Prächtigen Halikarnassos besetzten, hatten schon Jahre zuvor durchziehende Kreuzritter die Trümmer des gefallenen Steinkolosses abgetragen und zu Befestigungsanlagen gegen die anrückenden

Türken aufgetürmt. Als es den türkischen Eroberern schließlich doch glückte, die Hafenstadt einzunehmen, errichteten sie auf dem Grund des einstigen Mausoleums Landhäuser.

Wie sich später herausstellte, ein archäologischer Glücksfall, denn 1857 kauften britische Archäologen zwölf dieser Sommerhäuser und entdeckten darunter Trümmer des zerstörten Weltwunders. Diese antiken Schätze sind heute im British Museum in London zu bewundern.

Halikarnassos jedoch, die Geburtsstadt Herodots, des berühmtesten Geschichtsschreibers der Antike, ist heute eine kleine malerische Hafenstadt, die von dem Kastell St. Peter dominiert wird, einer Johanniter-Burg aus dem fünfzehnten Jahrhundert, die zum großen Teil aus den Ruinen des Mausoleums gebaut wurde. Das Grabmal des Mausolos hat wie andere Weltwunder den Baustoff für wieder neue Bauwerke geliefert. Unvergessen ist sein Name. So lebt es in anderer Form weiter und ist für immer geadelt als Fünftes Weltwunder.

Der Koloß von Rhodos

Ja, er, Freund, die enge Welt
Wie ein Kolossus und wir kleinen Leute,
wir wandeln unter seinen Riesenbeinen …

William Shakespeare

Wild schäumt das Meer unter seinen Beinen, spritzt an den Wänden des Hafenbeckens empor bis zu den bronzenen Lenden des mächtigsten Wächters, den je ein Hafen gesehen hat. Unter ihm können mühelos haushohe Schiffe durchfahren, und nächtliche Seefahrer orientieren sich an der weit leuchtenden Fakkel, die das Standbild in der Rechten hält. Von klassischer Schönheit ist der Gott aus Eisen und Bronze, der die Rhoder auf ewig an die Hilfe des Sonnengottes Helios erinnern soll und der dem Gott Helios selbst geweiht ist.

So die Vorstellung, die alle umtreibt, die an das sechste Weltwunder in dieser Form glauben möchten und in ihm das Wahrzeichen eines Kolossalbaus sehen. Tatsächlich gehörte der Koloß zu Rhodos zu den kurzlebigsten Weltwundern: Nur sechsundsechzig Jahre lang konnte der mächtige Wächter am Hafen von Rhodos sein Lieblingsvolk beschützen. Und über das präzise Aussehen oder gar den Standort kann bis heute nur spekuliert werden. Noch nicht einmal Münzprägungen belegen ein authentisches Profil, lediglich überlieferte Reiseberichte und Chroniken wie die des Philon von Byzanz oder des Strabon gehen auf Details zu Konstruktion und Aussehen ein. Fragen bleiben bis heute, allein der Anlaß, die Statue zu bauen, scheint sicher belegt.

Warum bauten die Rhoder einen Koloß?

Von Strabon ist neben touristischen Attraktionen auch eine gute Einschätzung der wirtschaftlichen und diplomatischen Fähigkeiten der Rhoder überliefert. So schreibt der Gelehrte, daß die um 408 v. Chr. an der östlichen

Landspitze der gleichnamigen Insel gegründete Stadt nicht nur durch Gesetzgebung, Gemeinwesen und Marine gut aufgestellt war, sondern auch diplomatisch und ökonomisch klug mit Römern wie Griechen gleichermaßen friedlichen Handel trieb. Piraterie konnte sie in ihren Hoheitsbereichen weitgehend abschaffen, und das feingesponnene Handels- und Beziehungsnetz im Mittelmeerraum brachte den Rhodern stets eine gewisse Unabhängigkeit. Ein Zustand, auf den das merkantile Volk stolz war, denn es war Grundlage seiner weitläufigen Geschäfte.

Nicht immer ließ sich dieses Prinzip allerdings durchhalten. Mausolos, den wir im vorangegangen Kapitel kennenlernen durften, unterhielt eine Zeitlang auf Rhodos eine Garnison, wie auch Alexander der Große – zuvor hatten sich die Rhoder allerdings auf die Seite der Feinde Alexanders gestellt, ein politischer Schachzug, der sich als Fehler erweisen sollte. Aber nicht nur die Rhoder konnten ahnen, daß Alexander alles in Besitz nehmen würde, was zwischen Mittelmeer und Hindukusch lag. Und nur dem versöhnlichen Zug der Rhoder ist es zu verdanken, daß sie nach Eroberungen schnell zum Tagesgeschäft übergingen. Ihr Tagesgeschäft hieß Handel, und da Eroberer samt ihrer Truppen immer auch versorgt werden mußten, schlossen sich die Rhoder dem Okkupator lieber an, bevor sie gegen ihn aufbegehrten.

Doch selbst bereitwillige Friedfertigkeit kann falsch ausgelegt werden. Da die Rhoder nach Alexanders Tod eng mit seinem ägyptischen Nachfolger Ptolemaios I. paktierten, erzürnten sie den Nachfolger Alexanders in Lydien und Phrygien, Antigonos I., der seinerseits Alexandria, den Hauptsitz von Ptolemaios, einnehmen wollte. Die Rhoder – immer auf ihre Neutralität bedacht und vor allem auf Rücksicht auf ihre Geschäftspartner – wollten aber gegen die Ägypter nicht Krieg führen und widersetzten sich der Aufforderung des Lyderkönigs. Dieser beauftragte 305 v. Chr. seinen Sohn Demetrios mit der Belagerung der Stadt Rhodos. Mit dem martialischen Beinamen *Poliorketes* (Städtezertrümmerer) ausgestattet, fuhr der Königssproß an Kriegsgeschütz und Mannen auf, was ging, und mußte dennoch 304 v. Chr. unverrichteter Dinge wieder abziehen. Die Rhoder hatten ihre Stadt so gut mit Mauern beschützt, daß Demetrios zwar Truppen, Waffen und Proviant an Land bringen konnte, aber die zähen Rhoder selbst mit modernstem Kriegsgerät nicht in die Knie zwingen konnte. Hier kam man nach menschlichem Ermessen nicht mehr weiter, und es bedurfte eines *deus ex machina*: Gott Helios kam ins Spiel.

Nicht mit rechten Dingen

Demetrios muß die Standhaftigkeit der Rhoder erheblich irritiert haben, denn er ließ nach allen vergeblichen Eroberungsversuchen einen Belagerungsturm bauen, wie ihn zuvor noch niemand gesehen hatte. *Helepolis* nannten sie das Monster. Ein Eichenholzturm auf Rädern, neun Stockwerke hoch, ausgestattet mit Rammwerken und Katapulten, der ganze Felsen werfen konnte. Mehrere tausend Mann sollen nötig gewesen sein, um das Ungetüm zu bewegen; aus den oberen Stockwerken konnten Bogenschützen mit Brandpfeilen über die Mauern der Stadt zielen. Endlich schien die Eroberung zu gelingen, gleich beim ersten Einsatz wurde der Turm so weit an die Stadt herangeschoben, daß er in den Wall eine Schneise trieb. Der Kraftaufwand, das Ungetüm vorwärtszubewegen, muß ungeheure Kräfte verschlissen haben. Und so entschlossen sich die Truppen des Demetrios, erst am nächsten Tag weiterzumachen, der Unterwerfung der Rhoder schienen schließlich nur noch ein paar Meter Mauer im Weg zu stehen.

Die Rhoder hingegen, die allen Angriffen getrotzt hatten und selbst die brennenden Pfeile abwehren konnten, indem sie mit Wasser getränkte Tierhäute hinter der Stadtmauer aufspannten, waren verzweifelt. Dieser Art Gewalt waren sie nur noch mit göttlicher Hilfe gewachsen. Sie beteten zu Helios, dem Beschützer ihrer Stadt, und gelobten, ihm ein Standbild zu errichten, noch höher als der Kriegsturm der Feinde, der gerade drauf und dran war, Rhodos in den Untergang zu katapultieren.

Warum schützte Helios die Rhoder?

Die Hilfe ließ nicht lange auf sich warten, Helios ließ seine Schutzbefohlenen nicht im Stich. Irgend jemandem gab er die Eingebung, direkt hinter dem Stück der Stadtmauer, vor dem der Rammturm stand, einen tiefen Graben auszuheben. Ein simpler physikalischer Plan, der tatsächlich aufgehen sollte. Als am nächsten Tag Helepolis nur ein wenig vorangeschoben wurde, gab der Grund unter dem brachialen Gerät nach, der Turm sackte in die Stadtmauer und verschloß mit sich selbst die Bresche, die er gerade geschlagen hatte. Demetrios, wutentbrannt und tief enttäuscht, konnte mit einem solchermaßen blockierten Räumgerät nichts mehr ausrichten, zog samt seiner Truppen ab.

Nun mußten die Rhoder ihr Versprechen wahrmachen. Schließlich war Helios der Schutzgott der Rhoder. Warum? Der Grund war wieder einmal einer jener hemdsärmligen Versuche im griechischen Götterrat. Die Welt sollte aufgeteilt werden, und da Helios am Tag der Gebietsverteilung friedlich mit seiner goldenen Quadriga

Bahnen am Firmament zog, weil Hermes vergessen hatte, ihm Bescheid zu sagen, fehlte der Sonnengott beim göttlichen Planspiel »Wem gehört was?«. Zur Entschädigung wollte Helios die Insel Rhodos, deren Entstehung aus dem Wasser er schon miterlebt hatte. Zeus stimmte zu, und Helios nahm seither eine Sonderstellung unter den griechischen Göttern ein. Soweit die göttliche Vorgeschichte.

Nach Helios' Eingreifen gegen die feindlichen Truppen wollte sich das gerissene Kaufmannsvolk nicht lumpen lassen und bestellte bei dem Bildhauer Chares von Lindon eine Statue, einen *Kolossos* (was im dorischen Dialekt soviel wie Statue bedeutete und erst später in bezug auf den Koloß zu Rhodos das Synonym für ein monströses Bauwerk wurde). Achtzehn Meter sollte *Kolossos* hoch sein. Der noch unerfahrene Künstler sollte dafür einen Festpreis abgeben. Nachdem für Arbeitslohn und Material ein Angebot im Raum stand, fragten die Rhoder, was es wohl kosten würde, einen doppelt so hohen *Kolossos* zu bauen.

Chares, mehr Künstler als Kaufmann, verdoppelte einfach seinen abgegebenen Festpreis und lief damit ins Messer. Denn die Rhoder setzten prompt einen Vertrag auf und ließen Chares zu diesem schriftlich festgehaltenen Fixpreis sein Werk beginnen.

Schon bald war klar, daß bereits die Anfangsphase – Materialbeschaffung und Konstruktion – den gesamten Festpreis verschlingen würde. Chares hatte bei seinem flink abgegebenen Angebot vergessen, daß er bei der Ausführung eines doppelt so großen Werkstücks nicht nur die Höhe verdoppeln mußte, sondern auch Breite und Tiefe und Masse, so daß auch alle Materialien und vor allem die Vorarbeiten den vielfachen Wert an Mehrarbeit bedeuteten und nicht nur schlicht das Doppelte. Statik und Entwurf mußten ebenfalls komplett neu überdacht und berechnet werden. Schließlich verschlang der Bau des *Kolossos* die achtfache Summe – und Chares ging an dem Bau des Weltwunders pleite. Eine Schmach, die er nicht verwand; nach zwölf Jahren Bauzeit beging er Selbstmord.

Eine handwerkliche Meisterleistung

Ein Mensch, der solch einen *Kolossos* konstruieren und auch noch künstlerisch wertvoll ausstatten konnte, mußte tatsächlich über der Schande verzweifeln, daß er trotz allen sichtbaren Erfolgs daran bankrott ging. Bis heute ist kaum vorstellbar, wie eine Statue, die über dreißig Meter hoch ist, überhaupt zu dieser Zeit gebaut werden konnte. Überlieferungen zufolge soll ein Eisengestell errichtet worden sein, das wiederum von einem Lehmmantel umschlossen wurde, der ungefähr die spätere Form wiedergab. Um das ganze Rohgerüst herum errichtete man einen Erdwall, der als Arbeitsplattform diente und Stück für Stück abgetragen wurde, denn man arbeitete sich auf Serpentinen von oben nach unten. Vom Kopf weg umschloß man alles mit Bronzeteilen. Zwölf Tonnen des edlen Metalls sollen es insgesamt gewesen sein, die – entweder gegossen oder gehämmert – dem Koloß sein strahlendes Aussehen gaben.

Um das Standbild stabil zu machen, wurden vom Sockel bis zum Kopf Gesteinsbrocken eingefüllt. Ein schmaler Schacht, der mit Leitern versehen war, blieb der einzige Hohlraum, um Reparaturarbeiten durchführen zu können. Leider sind keine Zeugnisse des späteren Aussehens überliefert, aber es ist anzunehmen, daß der kolossale Helios, nackt auf einem Sockel stehend, eine Fackel zum Himmel reckte. Sein Haupt war von einem siebenfachen Strahlenkranz umgeben. Manch andere Abbildung aus späteren Zeiten zeigt ihn mit Pfeil und Bogen.

Ob der Koloß tatsächlich mit gespreizten Beinen über der Hafeneinfahrt von Rhodos stand, ist unwahrscheinlich. Zum einen aus statischen Gründen, zum anderen, weil Chronisten immer wieder darauf hinweisen, daß der Koloß auf einem Sockel stand. Und schließlich belegt das Ende des *Kolossos* am ehesten, daß sich die Statue vermutlich in der Nähe der Stadt befunden hat. Denn nur sechsundsechzig Jahre überragte der bronzene Wächter, diese kolossale Geste der Dankbarkeit, die Stadt. Ein Erdbeben riß 224 v. Chr. das Standbild nieder, wobei es zahlreiche Häuser begraben haben soll.

Einem Orakel zufolge sollte es Unglück bringen, das Standbild wieder aufzurichten. Fast neunhundert Jahre sollten deshalb die Trümmer liegen bleiben, bis 653 n. Chr. die Araber die Insel eroberten. Ihnen war der Helioskult fremd, und ohne Scham rissen sie die Bronzeschicht der Statue herunter. Über neunhundert Kamele sollen nötig gewesen sein, die kostbare Fracht nach Edessa im nördlichen Mesopotamien zu bringen. Dort wurde die Bronze eingeschmolzen und neu verarbeitet.

Am Ende ist das Wahrzeichen von Rhodos so spurlos verschwunden, wie göttliche Zeichen auftauchen. Geblieben ist die Bezeichnung Koloß für ein gigantisches Ungetüm, und das poetische erhabene Bild, das uns Maler und Chronisten in ihren Stichen überliefert haben: ein Riese, der schützend einen Hafen bewacht.

Der Leuchtturm von Alexandria

Für die Leitung der Fahrten der Schiffe errichtest du,
Ptolemaios, der nächtliche, den Pharos, auf dass,
wenn die dunkle Nacht schweigt, an Phoebus' Stelle
ein Licht die hellen Fackeln speien, auf dass sie die
treulosen Ufer des Nils so sicher erreichen.

Adriaen de Jonghe (1511–1575)

Noch nachts fahren Schiffe ein, beladen mit Metall aus Spanien, Spezereien aus dem Orient oder Wein und Olivenöl aus Griechenland. Bei Tag würden sie den ägyptischen Schiffen und ihrer Fracht wie Leinen, Papyrus und Glas begegnen. Die Schiffe konnten wegen des auch nachts aktiven Leuchtturms rund um die Uhr aus- und einfahren – einmalig in der Antike. Und Alexandria leuchtete nicht nur wegen seines prächtigen Pharos'!

Das Erbe Alexanders

Im Hafen von Alexandria herrschte um 200 v. Chr. reges Leben, denn neben den Waren aus aller Welt und den eigenen Exportgütern war die erst 331 v. Chr. gegründete Stadt eine der kultiviertesten Metropolen des Mittelmeerraums. Alexander der Große war erst fünfundzwanzig Jahre jung, als er in Ägyptens Hauptstadt Memphis zum Pharao gekrönt wurde. Am Tag seiner Erhebung zum religiösen Oberhaupt schritt er ein Gebiet von 5370 Metern in der Länge und 1253 Metern in der Breite ab. In seine Fußstapfen streute ein Priester Gerstenmehl – ein Zeichen, die Götter gnädig zu stimmen, um den Plan des Königs gelingen zu lassen.

Auf dem bezeichneten Geviert an der westlichsten Stelle des Nildeltas sollte Alexandria entstehen, die erste Stadtgründung des jungen Feldherrn, der noch viele, auch gleichnamige, folgen sollten. Hier würden griechische und arabische Welt aufeinandertreffen, griechische Kultur und Wirtschaft ausgebaut werden: Alexandria sollte der bedeutendste Hafen und Handelsplatz des Mittelmeers werden. Ein Vorhaben, das für viele Jahrhunderte gelang, vor allem durch eine Erfindung Alexanders des Großen: den Leuchtturm.

Die Pläne für die neue Stadt stammten von Alexander selbst. Lage der Agora und des Handelszentrums hatte er an passenden Stellen konzipiert, ebenso die Standorte der Tempel, die den griechischen Göttern geweiht werden sollten. Einen Leuchtturm auf einem vorgelagerten Riff zu planen war an sich noch nicht revolutionär. Solche Schiffszeichen gab es bereits an den wichtigen Stellen der Küsten. Das Visionäre an Alexanders Plan war die Größe des Leuchtturms. Höher und gewaltiger sollte er sein, weit über das bekannte Maß sichtbar für all die anreisenden Barken und Schiffe.

Den Bau selbst hat Alexander nicht mehr erlebt, denn erst dreiundzwanzig Jahre nach seiner spektakulären Gründungszeremonie sollte mit dem Turm begonnen werden. Der kometenhafte Aufstieg Alexandrias zur Weltstadt brauchte seine Zeit, doch schließlich war der Zustrom neugieriger und bildungswilliger Menschen kaum mehr zu stoppen. Vor allem Juden, Ägypter und griechische Einwanderer versprachen sich eine bedeutungsvolle Zukunft in der aufstrebenden Stadt am Nildelta.

Ganz im Sinne Alexanders

Und wieder einmal sollte Ptolemaios bei einem Weltwunder beteiligt sein, allerdings erfolgreicher als im Falle des Koloß zu Rhodos. Ptolemaios, einer der Herrscher, der von Alexander eingesetzt worden war, seine territorialen Eroberungen zu verwalten, trug die Verantwortung für den Bau von Alexandria und auch für den Leuchtturm. Anstrengungen, die nur mit gutgefüllter Kriegskasse zu bewerkstelligen waren, denn neben der neugegründeten Universität, die schon bald darauf glanzvolle Leistungen in Astronomie und Philosophie hervorbrachte, neben der Bibliothek und dem hochentwickelten Medizinwesen mußte auch noch Alexanders Herzenswunsch finanziell und bautechnisch realisiert werden.

Auf einer dreißig mal dreißig Meter großen Grundfläche errichtete man einen einundsiebzig Meter hohen Turm, darauf wieder einen in der Grundfläche etwas kleineren, vierunddreißig Meter hohen Turm, dem sich ein Rundbau mit der Leuchtanlage anschloß. Als Abschluß thronte ein auf Säulen ruhendes Dach mit einer Statue, ob Zeus oder Poseidon, der Gott der Meere, da gehen die Meinungen auseinander.

Lasten konnten an den Innenseiten des vierzehnstöckigen Unterbaus transportiert werden, dort zog sich eine Rampe in die Höhe, auf der zwei Maultiere nebeneinander laufen konnten. Ein Schacht, der von oben nach unten durchging, diente als Seilschacht, in dem auch das Material für die oberen Etagen hochgewuchtet werden konnte. Äußerlich soll der Leuchtturm in weißem Marmor erstrahlt sein, und allein dieser Außenputz hat umgerechnet 4,5 Millionen Euro verschlungen.

Die Funktion des Leuchtturms

Chronisten zufolge wurde der hundertdreißig Meter hohe Leuchtturm zunächst als Tagturm genutzt, wie alle anderen Leuchttürme dieser Zeit auch. Bei einbrechender Nacht sollte er Schiffen leiten, die sichere Küste anzusteuern. Als Alexandria in nur kurzer Zeit ein Handels- und Kulturzentrum wurde, waren die Kapazitäten des Mittelmeerhafens bald erschöpft. Schiffe mußten auch nachts aus- und einfahren können. Der bisher höchste Leuchtturm, der je gebaut wurde, bekam eine neue Aufgabe und revolutionierte so die gesamte Seefahrt: die Nachtnavigation.

Nun machte sich auch die aufwendige, aber intelligente Innenkonstruktion des Leuchtturms bezahlt. In den ersten vierzehn Stockwerken des Turms konnten mit Lasttieren Harz und Öle befördert werden, die zum Verbrennen des Leuchtfeuers gebraucht wurden. Holz war damals zu kostbar und durfte nur im Schiffsbau verwendet werden. Ebenfalls im unteren Teil befanden sich an allen vier Seiten die Räume für die Wachmannschaften, die so den Blick in alle Windrichtungen hatten. Im zweiten Abschnitt konnten alle Brennstoffe via Seilwinden nach oben gezogen werden, wo sie in der eigentlichen Leuchtkammer in einer riesigen Schale verbrannt wurden. Die immer aufsteigende Rauchsäule bei Tag und der Feuerschein bei Nacht belegten die 24-Stunden-Tätigkeit der Leuchtturmmaschinerie. Der Schein des Feuers wurde zudem mit einem riesigen Hohlspiegel auf das Meer gelenkt, wo bestimmte Zeichen den Seeleuten Signale gaben.

Ingenieurkunst und Wahrzeichen

Der Pharos von Alexandria, der seinen Namen von der kleinen Vorinsel erhielt, auf die er gebaut wurde, war damit für viele Jahrhunderte das modernste Orientierungsinstrument der Seefahrt. Passagierschiffe, die Studenten und Gelehrte aus aller Welt nach Ägypten brachten, konnten damit ebenso sicher an die Küste navigiert werden wie Kranke, die Linderung bei den weisen ägyptischen Ärzten suchten. Ptolemaios hatte der Welt eine Stadt der Weisheit und des Handels hinterlassen. Vielleicht hat auch dieser rasante Aufstieg zum Ruhm des Pharos' beigetragen und zu seinem Platz im Olymp der Weltwunder. Denn schon kurz nach seiner Fertigstellung verdrängte das weit und hell leuchtende Wahrzeichen von Alexandria die Mauern von Babylon aus den damals kursierenden Weltwunderlisten.

Viele Reisende waren Augenzeugen des Bauwerks, und Abbildungen auf Münzen belegen sein Aussehen. Wenn man für Weltwunder die Kriterien Größe und Anziehungskraft ansetzen möchte, war der Pharos von Alexandria sicher ein idealer Weltwunderkandidat. Allerdings wird er in den ersten Listen noch nicht geführt. Erst die Renaissance und ihr Interesse an antiken Quellen, die Diskussionen in intellektuellen Kreisen und der Ausschluß bestimmter Bauwerke haben dem Pharos endgültig einen Platz unter den besten Sieben gesichert.

Die Zerstörung

Knapp tausend Jahre hat der Leuchtturm funktioniert. Als die Gelehrten der Renaissance zur Weltwunderdebatte aufriefen, da stand der Turm bereits nicht mehr. Ihn hatte dasselbe Schicksal wie alle anderen Weltwunder ereilt – bis auf die Pyramiden. Er wurde zerstört, hier wie im Fall des Zeus-Tempels und des Grabmals des Mausolos durch ein Erdbeben. 796 n. Chr. fiel das Wahrzeichen Alexandrias in sich zusammen, und alle Anstrengungen der Ägypter, es wiederaufzubauen, schlugen fehl. Rund sieben Jahre später sollte der Sultan Kait Bey auf den Fundamenten des alten Pharos' eine Festung errichten, die nach dem Leuchtturm benannt wurde.

Man macht sich ein Bild

Philon von Byzanz hatte den Pharos von Alexandria noch nicht auf seiner Liste, bei ihm gibt es als siebtes Weltwunder noch die Mauern von Babylon, die wir in unserer Beschreibung der Hängenden Gärten erwähnt haben. Nach den ausufernden Listen des Mittelalters, den viel diskutierten Bauwerken in der Renaissance, hat die Rückbesinnung auf antike Quellen in der ausgehenden Renaissance zu einer bis heute geltenden

Nomenklatura geführt. Maarten van Heemskerck (1498–1574) veröffentlichte Kupferstiche, die anderen Malern als Vorlage dienten. Er hat sich allerdings nicht an rein antike Vorgaben gehalten, sondern seine Sicht der Weltwunder festgehalten. So wird bei ihm der Artemis-Tempel zur Kirche. Auch als grafische Beigabe in einem Bestseller tauchten die Weltwunder auf: Der niederländische Kartograph Willem Janzoon Blaeuw druckte sie an den Rand seiner weitverbreiteten Weltkarte von 1606. Und als der österreichische Baumeister Fischer von Erlach 1721 seine *Entwürffe einer historischen architectur* veröffentlichte, schien er sich in dieser Architekturtheorie auch auf die frühen Vorlagen des Maarten van Heemskerck zu berufen.

Sich ein Bild von scheinbar unbegreiflichen Dingen machen zu wollen ist bis heute eine Leidenschaft, die uns befällt, wenn wir von den Sieben Weltwundern lesen. Die Kupferstecher der Renaissance und des Barock haben viel dazu beigetragen, die Bedeutung der antiken Wahrzeichen zu verstärken. Da bis auf die Pyramiden keines der genannten Wunder mehr steht, hat unsere Phantasie noch jede Menge Spielraum. Größenangaben, Lebensumstände, historische Gegebenheiten und die farbigen Szenerien der Chronisten können uns immer wieder für das Thema Weltwunder begeistern, ja uns verdeutlichen, was menschliche Vorstellung und Ideenreichtum vermögen: Nichts scheint unmöglich – ein Antrieb, der auch schon vor Jahrtausenden die Menschen zu erstaunlichen Höchstleistungen motiviert hat und der uns heute noch staunen läßt.

STAUNEN IM STUNDENTAKT.
ENTDECKEN SIE DIE WELT IN 60 MINUTEN.

Eine Anstiftung zum Denken.
Ein Spaziergang durch die Kultur.
Eine Erfrischung für Geist und Laune.

Gott in 60 Minuten
ISBN 978-3-85179-053-5

Jakobsweg in 60 Minuten
ISBN 978-3-85179-056-6

Weltwunder in 60 Minuten
ISBN 978-3-85179-057-3

Harry Potter in 60 Minuten
ISBN 978-3-85179-059-7

James Bond in 60 Minuten
ISBN 978-3-85179-058-0

Männer verstehen in 60 Minuten
ISBN 978-3-85179-060-3

Keine dicken Wälzer.
Keine umständlichen Einführungen.
Keine Langeweile.
Ein Thema, ein Griff, eine Stunde Lektüregenuß.

Bücher für die Lust, etwas Neues zu erfahren.

Bildung - kein Buch mit sieben Siegeln mehr. Hier erhalten Sie eine „virtuelle" Stadtführung, die es Ihnen erlaubt, mühelos einzutauchen in die Welt der europäischen Bildung.

Vergessen Sie alle langweiligen „Bildungsmaßnahmen", die Sie in Ihrem Leben bislang kennengelernt haben. Jonathan Byron legt uns ein aufregendes Bildungsbuch vor. Er erweist sich als charmanter und kenntnisreicher Cicerone durch „Piazza Europa", dem sich jeder anvertrauen kann, der sich ohne Anstrengung mit den Essentials von Kultur und Geschichte, Philosophie und Wissenschaft und nicht zuletzt der Lebenskunst vertraut machen möchte.

Dieses Buch ist ein Guide für mußevolle Flaneure – einzigartig, unterhaltsam, überraschend. Und unverwechselbar.

ISBN 978-3-85179-057-3

Covergestaltung: Christina Krutz, Riedstadt
Layout und Satz: Christine Paxmann text • konzept • grafik, München
Druck und Bindung: Grasl Druck & Neue Medien, Bad Vöslau

www.thiele-verlag.com